Liebe Leserin, lieber Leser!

Was ist Ihnen das liebste Gebäck? Der perfekte Zimtstern, bei denen einer wie der andere aussieht – so als sei er direkt vom Konditor? Oder der saftige Lebkuchen, dem man ansieht, dass er handgemacht ist? Bei mir ist das ganz einfach: Ich liebe Plätzchen, die ganz frisch gebacken sind und mit viel Liebe und noch mehr Begeisterung von meiner Tochter dekoriert werden. Gemeinsam probieren wir immer wieder neue Kombinationen mit Schokolade (viel), Perlen (rosa) und Glasuren (zuckrig) aus. Da kommen dann gerne auch noch ihre Freunde zu Besuch, die eifrig mithelfen, die besten Weihnachtsplätzchen der Welt zu zaubern. Klar ist: Es kommt nicht auf die Perfektion, sondern auf das Gefühl an …

Ich hoffe, Sie finden in unserem neuen „Advent – Küche & Backen" viele neue Ideen für Ihre Weihnachtsbäckerei und die Menüs an den Festtagen. Und sollte einmal etwas nicht so perfekt wie auf den Fotos aussehen: Ich bin mir sicher, es schmeckt trotzdem. Vor allem aber wünsche ich Ihnen viel Freude beim Backen und Kochen!

Ihre

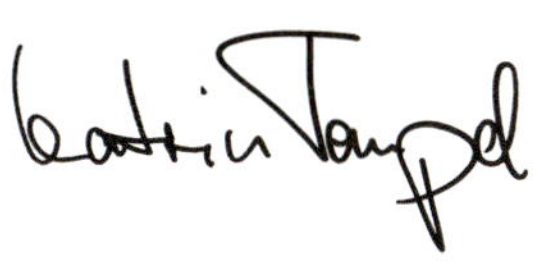

Katrin Tempel, Chefredakteurin

ADVENTSBACKEN
ab Seite 6

WEIHNACHTSMENÜS
ab Seite 104

HEISSE GETRÄNKE
ab Seite 132

Inhalt

GRUNDZUBEREITUNGEN
Klassiker genau erklärt
SESAM PISTAZIEN KIPFERL
CRANBERRY KÜRBISKERN COOKIES
BRATAPFEL KONFEKT
Kokos Blüten Makronen
SCHOKO COOKIES

GUT ZU WISSEN
Vom richtigen Umgang mit Schokolade bis zur festlichen Tischdekoration

ADVENTSBACKEN

Feines & Süßes

Von kleinen Plätzchen und Pralinen, die zum Naschen verführen, über Lebkuchen bis hin zu üppigen Kuchen und Torten – unzählige Leckereien versüßen uns die Wartezeit auf Weihnachten.

PLÄTZCHEN & CO.

Frisch aus dem Backofen

SÜSSES FÜR DEN PLÄTZCHENTELLER

Ungeduldig sitzen wir vor dem Backofen, eingehüllt in einen feinen Nebel aus Mehl, und können es kaum erwarten, bis wir endlich die ersten knusprigen Plätzchen probieren können. In der Küche duftet es nach Zimt, Anis und Nelken und uns wird so feierlich zumute, dass wir kurz die Augen schließen, um all die wunderbaren Gerüche in uns aufzunehmen.

AUS DER TÜLLE UND VOM BLECH

Etwa seit dem 18. Jahrhundert werden in Deutschland Weihnachtsplätzchen gebacken, was zu dieser Zeit aber nur der gehobenen Gesellschaft vergönnt war, da Zucker sehr teuer war. Erst als es gelang, den süßen Stoff aus den heimischen Zuckerrüben herzustellen, wurde er auch für das gemeine Volk erschwinglich. Ausstechformen, die einen einfachen Mürbeteig im Nu in Sterne und Engel verwandeln, sind besonders bei Kindern beliebt. Manche Plätzchen werden mit der Hand geformt, andere kommen aus der Spritztülle und wieder andere, zum Beispiel Spekulatius, werden in spezielle Holzformen gepresst. Anders als bei Keksen, die einen hohen Nährwert aufweisen, da sie ursprünglich als Reiseproviant gedacht waren, kommt es bei Plätzchen vor allem auf den süße Geschmack an. Auch wenn wir die Klassiker lieben, lohnt es sich, andere Rezepte auszuprobieren, zum Beispiel mit Karamell oder Kürbiskernen. Unser Backexperte Marcus Scherpf rät, auf folgende Dinge zu achten: Alle Zutaten sollten zimmerwarm sein, es sei denn, das Rezept schreibt es anders vor. Ist der Teig zu klebrig, fügt man einfach noch etwas Mehl hinzu. Ist er brüchtig, hilft etwas Eiweiß oder Flüssigkeit. Außerdem ist nicht jeder Ofen gleich, weshalb es ratsam ist, die Plätzchen nach der Hälfte der Backzeit zu kontrollieren. Auch die Zutaten können variieren, so liefert zum Beispiel flüssiger Honig andere Ergebnisse als kristallisierter. Beim Backen braucht es oftmals ein wenig Fingerspitzengefühl, wobei natürlich der Spaß im Vordergrund stellen sollte. Denn dann kann man über das ein oder andere Missgeschick ganz einfach hinwegsehen.

Mit einem feinen Pinsel lassen sich Plätzchen im Nu in kleine Unikate verwandeln. Dafür Puderzucker mit etwas Zitronensaft, Punsch oder Tee mischen, bis ein dickflüssiger Guss entstanden ist, und die Plätzchen damit verzieren

MARMORPLÄTZCHEN glutenfrei

Zutaten für circa 40 Stück

50 g weiche Butter oder Margarine, 70 g Roh-Rohrzucker, 50 g feines Maismehl, 30 g Maisstärke, 20 g feines Reismehl, 1 TL Guarkernmehl, 1 EL Kakao, 1 EL Zucker, Puderzucker

1. Die Butter oder die Margarine mit dem Roh-Rohrzucker, den Mehlen und der Stärke vermischen und alles mit den Händen zu einem glatten Teig verkneten.

2. Ein Drittel des Teiges mit dem Kakao, dem Zucker und 2 EL Wasser anreichern und gründlich durchkneten. Den dunklen und den hellen Teig miteinander verkneten, sodass er noch zweifarbig bleibt. Den Teig halbieren und zu 2 Rollen formen, in Folie wickeln und einen Tag kalt stellen.

3. Den Backofen auf 160 Grad Umluft vorheizen. Ein Backblech mit Backpapier belegen.

4. Die Teigrollen aus der Folie nehmen und in 1 Zentimeter dicke Scheiben schneiden. Die Scheiben auf das Backblech legen. Da sie beim Backen nicht aufgehen oder schmelzen, können sie dicht nebeneinander liegen. Im vorgeheizten Backofen etwa 10 Minuten backen. Herausnehmen, abkühlen lassen und nach Belieben mit etwas Puderzucker bestreuen.

Zubereitungszeit: 30 Minuten
Kühlzeit: 24 Stunden; Backzeit: 10 Minuten

GEWÜRZSPEKULATIUS glutenfrei

Zutaten für circa 30 Stück

3 ganze Nelken, 5 Anissamen, 5 Körner Koriander, Samen aus 3 Kardamomkapseln, 1 EL Zimt, 1 Msp. Vanillemark, ½ Msp. frisch geriebene Muskatnuss, 70 g feines Reismehl, 25 g Kartoffelmehl, 1 Msp. Guarkernmehl, 25 g Maisstärke, 1 TL Backpulver, 30 g Zuckerrübensirup, 50 g fester Honig, 50 g Butter oder Margarine, Mandelblättchen zum Verzieren

1. Nelken, Anissamen, Korianderkörner und Kardamomsamen in einem Mörser fein zerreiben. Zimt, Vanillemark und Muskat dazugeben und gut untermischen.
2. Die Mehle, Stärke und Backpulver vermischen. Dann alle weiteren Zutaten sowie 1–3 EL Wasser zugeben und zu einem glatten Teig verkneten.
3. Den Backofen auf 160 Grad Umluft vorheizen. Ein Backblech mit Backpapier auslegen.
4. Den fertigen Teig zwischen zwei Backpapieren ausrollen. Nach Belieben mit Plätzchenformen Figuren ausstechen. Die Mandelscheiben auf der Arbeitsfläche verteilen. Die Plätzchen vorsichtig daraufdrücken und auf das Backblech legen. Im vorgeheizten Backofen 12 Minuten backen. Herausnehmen und abkühlen lassen.

Zubereitungszeit: 30 Minuten
Backzeit: 12 Minuten

Ihr *Land*IDEE-Tipp

Wer glutenfrei backen will, braucht immer ein Verdickungsmittel. Bei unseren Rezepten ist es das Guarkernmehl, von dem man etwa 1 Gramm auf 100 g Mehl verwendet.

KARAMELL-TALER

Zutaten für circa 75 Stück

1 Ei, 50 g weiße Schokolade, 50 g Zartbitterschokolade, 250 g Mehl, 1 TL Backpulver, 100 g Zucker, 2 EL Vanillezucker, 150 g kalte Butter, 10 g Kakaopulver, Mehl zum Arbeiten, 10 kleine Karamell-Schoko-Bonbons

1. Das Ei trennen und das Eiweiß kalt stellen. Die beiden Schokoladensorten getrennt voneinander fein reiben.
2. Mehl, Backpulver, Zucker und Vanillezucker mischen. Auf die Arbeitsfläche häufeln, eine Mulde eindrücken und das Eigelb hineingeben. Die Butter würfeln und dazugeben. Alles mit einer Teigkarte zu kleinen Bröseln hacken und zu einem glatten Teig verkneten. Den Teig halbieren. Eine Hälfte mit der weißen Schokolade verkneten. Zur anderen Hälfte die dunkle Schokolade sowie den Kakao geben und ebenfalls verkneten. Beide Teige in Folie gehüllt circa 1 Stunde kalt stellen.
3. Anschließend die Teige jeweils nochmals halbieren. Die beiden hellen Teige auf bemehlter Fläche zu circa 6 cm breiten Streifen ausrollen. Die beiden dunklen Teige zu circa 10 cm breiten Streifen ausrollen.
4. Die Karamellbonbons grob hacken und auf der Mitte der hellen Teigstreifen verteilen. Den hellen Teig um die Bonbons zur Rolle formen.
5. Den Schokoladenteig mit dem verquirlten Eiweiß bepinseln und den hellen Teig drauflegen. Den dunklen Teig darum herumlegen, die Enden gut zusammendrücken und die Rollen in Frischhaltefolie einwickeln. Über Nacht in den Kühlschrank legen.
6. Den Backofen auf 170 Grad Umluft vorheizen. Ein Backblech mit Backpapier belegen. Von den Teigrollen circa ½ cm dicke Scheiben abschneiden und auf das Backblech legen. Im vorgeheizten Backofen 8–10 Minuten backen. Danach auf einem Kuchengitter auskühlen lassen und luftdicht verpackt aufbewahren.

Zubereitungszeit: 60 Minuten
Kühlzeit: 13 Stunden; Backzeit: 10 Minuten

SCHOKO-SPRITZGEBÄCK

Zutaten für circa 50–60 Stück

Für das Gebäck: **225 g Mehl, 150 g Maismehl, 25 g Kakaopulver, 1 Prise Salz, 250 g weiche Butter, 175 g Zucker, 2 EL Vanillezucker, 1 Ei, 1 Eigelb**
Zum Verzieren: **150 g Zartbitterkuvertüre, 150 g weiße Kuvertüre, Schokoperlen, Zuckerperlen**

1. Den Ofen auf 180 Grad Ober- und Unterhitze vorheizen. Ein Backblech mit Backpapier belegen.
2. Die beiden Mehlsorten, den Kakao und Salz vermischen. Die Butter in einer Schüssel mit dem Handrührgerät cremig schlagen. Den Zucker und Vanillezucker gründlich unterrühren. Das Ei und Eigelb dazugeben und verquirlen. Die Mehlmischung dazugeben und unter den Teig rühren.
3. Rasch in einen Spitzbeutel mit Sterntülle füllen und Kringel oder „S“ aufspritzen. Im vorgeheizten Ofen 8–10 Minuten backen. Vom Blech nehmen und auf einem Kuchengitter erkalten lassen.
4. Die beiden Kuvertüren getrennt grob hacken und jeweils über einem heißen Wasserbad schmelzen lassen. Das Spitzgebäck darin je zur Hälfte eintauchen und mit Schoko- und Zuckerperlen verzieren. Trocknen lassen und luftdicht verpackt aufbewahren.

Zubereitungszeit: 40 Minuten
Backzeit: 10 Minuten

KLASSISCHE SPITZBUBEN

Zutaten für circa 30 Stück

250 g Mehl, 100 g Zucker, ½ Bio-Zitrone, 125 g kalte Butter, 2 Eigelb, 100 g Johannisbeergelee, Mehl zum Arbeiten

1. Das Mehl mit dem Zucker, der abgeriebenen Zitronenschale und der Butter in Flöckchen in eine Schüssel geben und mit dem Handrührgerät rasch zu einem glatten Teig verarbeiten. In Frischhaltefolie wickeln und 2 Stunden in den Kühlschrank stellen.

2. Den Backofen auf 180 Grad vorheizen. Ein Backblech mit Backpapier belegen.

3. Den Teig auf bemehlter Arbeitsfläche 3–4 mm dick ausrollen. Mit Blumen- oder Kreis-Ausstechern Plätzchen ausstechen, bei der Hälfte zusätzlich ein Loch in der Mitte ausstechen.

4. Die Plätzchen auf das Backblech legen. Die Eigelbe verquirlen und auf den Teig streichen. Im vorgeheizten Ofen 10–12 Minuten goldbraun backen. Mit dem Papier vom Blech ziehen.

5. Das Johannisbeergelee erwärmen und glatt rühren. Mit einem Pinsel die ganzen Kreise mit dem Gelee bestreichen. Die Kringel erst mit Puderzucker bestäuben, dann vorsichtig aufsetzen und leicht andrücken.

Zubereitungszeit: 60 Minuten
Kühlzeit: 2 Stunden; Backzeit: 12 Minuten

SCHNEEKUGELN

Zutaten für circa 15 Stück

100 g Bitterschokolade, 60 g Butter, 100 g Rohrzucker, 1 Päckchen Vanillezucker, 2 Eier, 100 g Mehl, 1 Prise Salz, 1 EL Kakaopulver, ½ TL gemahlener Piment, ½ TL gemahlener Kardamom, 60 g gehackte Mandeln, 100 g Puderzucker zum Wälzen

1. Die Schokolade mit der Butter in einen Topf geben und im Wasserbad schmelzen lassen. Vom Herd nehmen und etwas abkühlen lassen.
2. Rohrzucker, Vanillezucker und Eier schaumig rühren, die Schokoladen-Butter-Masse löffelweise zugeben. Mehl, Salz, Kakaopulver und Gewürze dazugeben und zusammen mit den Mandeln unterrühren. Die Masse über Nacht kalt stellen.
3. Den Puderzucker in einen tiefen Teller füllen. Von der Plätzchenmasse mit einem Teelöffel etwa walnussgroße Stücke abnehmen und zu Kugeln drehen. Dabei möglichst schnell arbeiten, damit die Masse sich nicht erwärmt und klebrig wird.
4. Den Ofen auf 180 Grad vorheizen, ein Backblech mit Backpapier belegen. Die Kugeln im Puderzucker wälzen, sodass sie dick bedeckt sind. Mit etwas Abstand auf das Blech setzen. Im vorgeheizten Ofen etwa 15 Minuten backen, kurz auf dem Blech abkühlen und dann auf einem Kuchengitter vollständig auskühlen lassen.

Zubereitungszeit: 60 Minuten
Kühlzeit: 12 Stunden; Backzeit: 15 Minuten

SPRITZGEBÄCKRINGE MIT WALNÜSSEN, SCHOKOGUSS UND HIMBEEREN

Zutaten für circa 45 Stück

300 g Butter, 230 g Zucker, 2 EL Vanillezucker, 1 Ei, 2 Eigelb, ¼ TL Zitronenabrieb, 400 g Mehl, 150 g gemahlene Walnüsse, 100 g Speisestärke, 200 g Zartbitterkuvertüre, 10 g Kokosfett, 2–3 EL getrocknete Himbeeren

1. Den Backofen auf 180 Grad Ober- und Unterhitze vorheizen. Zwei Backbleche mit Backpapier belegen.
2. Butter, Zucker und Vanillezucker mit dem Handrührgerät schaumig schlagen. Das Ei, die Eigelbe und den Zitronenabrieb unterrühren.
3. Das Mehl mit den Nüssen und der Stärke mischen und nach und nach unter die Butter-Ei-Mischung arbeiten. Den Teig in einen Spritzbeutel mit Sterntülle füllen und Kringel auf die Backbleche spritzen. Im vorgeheizten Backofen circa 15 Minuten goldgelb backen.
4. Mit dem Papier vom Blech ziehen und auf einem Gitter auskühlen lassen. Die Kuvertüre zusammen mit dem Kokosfett im heißen Wasserbad schmelzen. Die Kringel zur Hälfte in die Schokolade tauchen und die Himbeeren darüberbröckeln.

Zubereitungszeit: 40 Minuten
Backzeit: 15 Minuten

HAMBURGER EISSCHOLLEN

Zutaten für 1 Backblech bzw. für circa 24 Stück

Für den Boden: 250 g Mehl, 75 g Zucker, 1 EL Vanillezucker, 1 Msp. Piment (gemahlen), 1 Msp. Zimt (gemahlen), Abrieb einer unbehandelten Orange, 1 Prise Salz, 175 g Butter, 1 Ei, 1 Eigelb, Mehl zum Arbeiten

Für den Belag: circa 250 g Beerengelee (z. B. Schwarze Johannisbeere), 3 Eiweiß, 1 EL Zitronensaft, 220 g Puderzucker, 2 cl Kaffeelikör, 75 g gemahlene Mandeln (geschält)

1. Für den Boden das Mehl auf die Arbeitsfläche sieben. Mit dem Zucker, dem Vanillezucker, Piment, Zimt, Orangenabrieb und Salz vermischen und in der Mitte eine Mulde formen. Die Butter in Stücken darum herum verteilen, das Ei und das Eigelb in die Mitte geben und alles mithilfe einer Palette oder Teigkarte zu Bröseln hacken. Mit den Händen rasch zu einem glatten Mürbteig verkneten, nach Bedarf wenig kaltes Wasser oder Mehl ergänzen. In Frischhaltefolie gewickelt circa 30 Minuten kalt stellen.
2. Den Backofen auf 160 Grad Unterhitze vorheizen. Ein Backblech mit Backpapier auslegen.
3. Den Teig auf bemehlter Arbeitsfläche in Blechgröße ausrollen und auf das Blech legen. Das Gelee glatt rühren und auf den Teig streichen.
4. Für den Belag die Eiweiße mit dem Zitronensaft steif schlagen. Nach und nach den gesiebten Puderzucker unterrühren. Den Likör und die Mandeln unterziehen und die Baisermasse auf das Gelee streichen.
5. Im vorgeheizten Backofen circa 40 Minuten knusprig backen. Die Baisermasse sollte leicht bräunen, gegebenenfalls am Schluss noch Oberhitze zuschalten. Aus dem Backofen nehmen und sofort mit einem scharfen Messer in Stücke schneiden. Vom Blech nehmen und auskühlen lassen.

Zubereitungszeit: 45 Minuten
Kühlzeit: 30 Minuten; Backzeit: 40 Minuten

Ihr *Land*IDEE-Tipp

Der Name des Gebäcks rührt von dem Baiserbelag her. Schneidet man das Gebäck gleich nach dem Backen in Stücke, bricht der Belag und vermittelt dabei die typische Form einer Eisscholle.

PINIENSEUFZER

Zutaten für circa 25 Stück

100 g Pinienkerne, 120 g weiche Butter, 60 g Zucker, 1 Prise Salz, 1 Eigelb, 1 Vanilleschote (Mark), 50 g Mehl, 1–2 EL Kokosraspel, Mehl zum Arbeiten

1. Die Hälfte der Pinienkerne fein mahlen. Butter, Zucker, Salz, Eigelb und Vanillemark mit dem Handrührgerät cremig rühren. Das Mehl, die gemahlenen Pinienkerne und die Kokosraspel unterrühren. Abgedeckt gut 1 Stunde kalt stellen.

2. Den Ofen auf 175 Grad Unter- und Oberhitze vorheizen. Ein Backblech mit Backpapier belegen.

3. Vom Teig mit einem Löffel kleine, gleich große Portionen abnehmen, mit bemehlten Händen zu Bällchen formen und auf ein mit Backpapier belegtes Backblech legen. Jeweils drei Pinienkerne sternartig daraufsetzen. Die Plätzchen im vorgeheizten Ofen 10–15 Minuten lichtgelb backen. Herausnehmen und abkühlen lassen.

Zubereitungszeit: 40 Minuten

Kühlzeit: 60 Minuten; Backzeit: 15 Minuten

MANDEL-STÄNGLI

Zutaten für circa 25 Stück

200 g weiche Butter, 100 g Zucker, 2 EL Vanillezucker, 1 Msp. abgeriebene Bio-Zitronenschale, 2–3 Tropfen Bittermandelaroma, 225 g Mehl, 1 Eiweiß, 50 g gehobelte Mandeln

1. Den Ofen auf 180 Grad Unter- und Oberhitze vorheizen. Ein Backblech mit Backpapier belegen.
2. Butter, Zucker, Vanillezucker, Zitronenabrieb und Mandelaroma cremig rühren. Das Mehl zugeben und zu einem glatten Teig verkneten, der nicht mehr an den Händen klebt. Auf wenig Mehl zu fingerdicken Rollen formen und diese in circa 7 cm lange Stücke schneiden.
3. Auf das Blech legen, mit Eiweiß bepinseln und mit den Mandeln bestreuen. Im vorgeheizten Ofen circa 15 Minuten lichtgelb backen. Vorsichtig vom Blech nehmen und auskühlen lassen.

Zubereitungszeit: 40 Minuten
Backzeit: 15 Minuten

NUSSSTERNE MIT SCHOKOGLASUR

glutenfrei

Zutaten für circa 25 Stück

30 g Kartoffelmehl, 30 g gemahlene Mandeln, 1 Prise Salz, 30 g Zuckerrübensirup, ½ Tafel Zartbitterschokolade

1. Das Kartoffelmehl mit Mandeln und Salz in einer Schüssel vermischen, den Sirup dazugeben und alles mit einem Teigschaber mit Stiel zu einer gleichmäßigen Masse verkneten. Zwischendurch den Schaber mit dem Messer von der Teigmasse befreien. Zuletzt den Teig noch einmal mit den Händen durchkneten und zwischen zwei Blättern Backpapier zwei Millimeter dünn ausrollen.
2. Den Ofen auf 160 Grad Umluft vorheizen. Mit kleinen Ausstechformen Figuren ausstechen, mit einem breiten Messer abheben und auf ein mit Backpapier belegtes Blech legen. Im vorgeheizten Ofen 7–8 Minuten backen. Abkühlen lassen.
3. Die Schokolade im Wasserbad schmelzen und mit einem Löffel auf die Nusssterne auftragen.

Zubereitungszeit: 45 Minuten
Backzeit: 8 Minuten

Heidesand

Ob zum Tee, zum Kaffee oder pur in der Weihnachtszeit – Heidesand ist einer der Plätzchenklassiker. Viel einfacher geht es beim Backen kaum, und trotzdem betören die mürben Kekse schon seit Jahr und Tag unsere Gaumen mit ihrem feinen Butteraroma. Etwas karamelliger werden sie im Geschmack, wenn man die Butter vor der Verarbeitung im Topf leicht bräunt. Dann wieder abkühlen lassen und mit den übrigen Zutaten mischen. Wer einmal etwas anderes probieren will, kann zum Beispiel mit 1 TL grobem Meersalz, etwas abgeriebener Zitronenschale oder fein gehackten Rosmarinnadeln experimentieren.

HEIDESAND

Zutaten für circa 70 Stück

½ Vanilleschote, 50 g Marzipan-Rohmasse, 200 g Butter, 80 g Puderzucker, 1 Msp. Salz, 250 g Mehl, 1 Eigelb, Zucker

1. Die Vanilleschote aufschneiden und das Mark herauskratzen. Die Marzipan-Rohmasse würfeln und auf der Arbeitsfläche mit einem kleinen Teil der Butter verkneten, bis eine cremige Masse entstanden ist. Dann die übrige Butter, den Puderzucker, das Vanillemark und Salz kräftig unterarbeiten und zuletzt das Mehl unterkneten.
2. Den Teig in gleich große Stücke schneiden und Rollen von circa. 3 cm Durchmesser daraus formen. Im Kühlschrank etwas fest werden lassen, herausnehmen und die Rollen nochmals nachrollen, bis sie schön rund sind. Im Kühlschrank etwa 60 Minuten fest werden lassen.
3. Den Backofen auf 180 Grad vorheizen. Die Teigrollen mit dem verquirlten Eigelb bestreichen und in Zucker wälzen. Die Rolle in circa 1 cm dicke Scheiben schneiden und diese mit genügend Abstand voneinander (Heidesand läuft beim Backen ziemlich auseinander) auf das ungefettete Backblech legen und auf der mittleren Schiene 10–12 Minuten gelb bis hellbraun backen.

Zubereitungszeit: 30 Minuten
Ruhezeit: 60 Minuten; Backzeit: 12 Minuten

1 Vanillemark, Marzipan, Butter, Puderzucker und Mehl zu einem Teig verkneten

2 In gleich große Stücke teilen und daraus gleichmäßige Rollen formen

3 Nach dem Kühlen die Teigstränge nochmals nachrollen, damit sie schön rund sind

4 Die Scheiben mit Eigelb bestreichen, in Zucker wälzen und backen

ZIMTSTERNE

Zutaten für circa 40 Stück

3 Eiweiß, 1 Prise Salz, 300 g Zucker, 300 g gemahlene Mandeln, 150 g gemahlene Haselnüsse, 1 TL Zimt, 1 Prise gemahlene Nelken, 1 EL Johannisbeergelee

1. Das Eiweiß mit dem Salz steif schlagen. Den Zucker unter Rühren einrieseln lassen und weiterschlagen, bis die Masse glänzt und Spitzen zieht.
2. 5 EL der Eiweißmasse für die Glasur beiseitestellen. Mandeln mit Haselnüssen, Gewürzen und Gelee mischen, unter die Eiweißmasse ziehen. Den Teig 6 Stunden im Kühlschrank ruhen lassen.
3. Den Backofen auf 150 Grad Ober- und Unterhitze vorheizen. Ein Backblech mit Backpapier auslegen.
4. Den Teig zwischen Frischhaltefolie etwa 5 mm dick ausrollen. Sterne ausstechen, auf das Backblech legen und die Eiweißglasur mit einem kleinen Messer möglichst exakt darauf verteilen.
5. Die Sterne im vorgeheizten Backofen etwa 15 Minuten backen, das Eiweiß darf nicht bräunen. Mit dem Papier vom Blech ziehen und abkühlen lassen.

Zubereitungszeit: 75 Minuten
Backzeit: 15 Minuten

VANILLEKIPFERL

Zutaten für circa 60 Stück

2 Vanilleschoten (Mark), 280 g Mehl, 100 g abgezogene gemahlene Mandeln, 70 g Zucker, 210 g kalte Butter, 100 g Puderzucker, Mehl zum Arbeiten

1. Die Vanilleschoten längs aufschlitzen und das Mark herauskratzen. Das Mehl mit Mandeln, Zucker, der Butter in Flöckchen und dem Vanillemark rasch zu einem glatten Teig verarbeiten. Den Teig zu drei Rollen (2–3 cm Durchmesser) formen, in Frischhaltefolie wickeln und 12 Stunden kalt stellen.

2. Den Backofen auf 160 Grad Ober- und Unterhitze vorheizen. Ein Backblech mit Backpapier auslegen.

3. Die Teigrollen jeweils in etwa 20 circa 1 cm dicke Scheiben schneiden, diese zu Kipferl formen und auf das Backblech legen. Im vorgeheizten Ofen etwa 12 Minuten backen. Mit dem Papier vom Blech ziehen und noch warm dick mit Puderzucker bestäuben.

Zubereitungszeit: 60 Minuten
Kühlzeit: 12 Stunden; Backzeit: 12 Minuten

Ihr *Land*IDEE-Tipp

Mit den ausgekratzten Schoten macht man selbst Vanillezucker: Dafür ein Schraubglas mit Zucker füllen und die Schoten hineinstecken. Mindestens zwei Wochen ziehen lassen.

ORANGEN-ZIMT-KEKSE

Zutaten für circa 100 Stück

Für den Teig: **150 g geschälte Mandelkerne, 350 g Mehl, 1 Ei, 1 Prise Salz, 1 TL Zimt, 180 g weiche Butter, 130 g Zucker, 2 EL Vanillezucker, Mehl zum Arbeiten**

Zum Verzieren: **2 EL Orangenlikör, 2–3 EL Orangensaft, 200 g Puderzucker, kandierte Orangenstücke**

1. Die Nüsse in einen Blitzhacker geben und fein mahlen. Mit den übrigen Teigzutaten in eine Rührschüssel füllen. Mit den Knethaken des Handrührgeräts zu einem geschmeidigen Teig verkneten. Zuletzt mit den Händen noch etwas nachkneten. Den Teig in Frischhaltefolie gewickelt 2 Stunden in den Kühlschrank legen.

2. Den Backofen auf 180 Grad Umluft vorheizen. 1–2 Backbleche mit Backpapier auslegen.

3. Den Teig portionsweise auf einer bemehlten Fläche circa 5 mm dick ausrollen. Sterne ausstechen und auf das Backblech legen. Im vorgeheizten Backofen circa 10 Minuten goldbraun backen. Danach mit dem Papier vom Blech ziehen und auskühlen lassen.

4. Für die Glasur den Likör mit dem Orangensaft und dem Puderzucker nach und nach zu einem dickflüssigen Guss anrühren. Jeweils einen Klecks Orangenguss auf die Plätzchen geben und einige kandierte Orangenstücke darüberstreuen. Die Glasur gut durchtrocknen lassen.

Zubereitungszeit: 60 Minuten
Kühlzeit: 2 Stunden; Backzeit: 10 Minuten

BAISERSTANGEN MIT GEHACKTEN HASELNÜSSEN

Zutaten für circa 45 Stück

Für den Teig: 125 g gemahlene Haselnüsse, 125 g gemahlene Walnüsse, 3 Eiweiß, 1 Prise Salz, 100 g Zucker, 2 EL Vanillezucker, 1 TL Lebkuchengewürz

Zum Verzieren: 40 g Haselnussblättchen, 100 g Puderzucker, 1–2 TL Zitronensaft

1. Die gemahlenen Nüsse in einer heißen Pfanne unter Rühren leicht duftend rösten. Aus der Pfanne nehmen und auskühlen lassen.

2. Den Backofen auf 140 Grad Umluft vorheizen. 1–2 Backbleche mit Backpapier belegen.

3. Die Eiweiße mit dem Salz steif schlagen. Zucker und Vanillezucker unter weiterem Rühren einrieseln lassen, dann die gerösteten Nüsse mit dem Lebkuchengewürz mischen und unterziehen.

4. Die Masse in einen Spritzbeutel mit Lochtülle füllen und 5–6 cm lange, schmale Streifen auf die Backbleche spritzen, dabei etwas Abstand lassen. Im vorgeheizten Ofen 15–20 Minuten leicht goldbraun backen. Aus dem Ofen nehmen und auf dem Blech auskühlen lassen.

5. Zum Verzieren die Haselnussblättchen in der Pfanne duftend anrösten. Den Puderzucker mit dem Zitronensaft dickflüssig anrühren und in ein Spritztütchen mit kleiner Lochtülle füllen. Feine Linien über die Stangen ziehen. Die Haselnussblättchen grob hacken und über die Stangen streuen. Gut trocknen lassen.

Zubereitungszeit: 35 Minuten

Backzeit: 20 Minuten

BERLINER BROT

Zutaten für circa 30 Stück

50 g Zartbitterschokolade, 40 g Zitronat, 2 Eier, 220 g Zucker, 1 EL Vanillezucker, 1 TL Lebkuchengewürz, 70 g Apfelkraut (oder Zuckerrübensirup), 1 EL Rum, 350–400 g Mehl, 1 TL Backpulver, 50 g ganze Mandeln (geschält), 50 g Haselnusskerne (geschält), 50 g Puderzucker

1. Für den Teig die Schokolade schmelzen und das Zitronat sehr fein hacken. Den Backofen auf 200 Grad Ober- und Unterhitze vorheizen.

2. Die Eier mit 1–2 EL heißem Wasser in einer Schüssel mit dem Mixer auf höchster Stufe schaumig schlagen. Zucker, Vanillezucker und Lebkuchengewürz einstreuen und die Masse weitere 2 Minuten aufschlagen. Apfelkraut, die geschmolzene, abgekühlte Schokolade, Zitronat und Rum unterrühren. Mehl und Backpulver mischen, auf die Eimasse sieben und unterkneten. Zuletzt die Mandeln und Nüsse einarbeiten.

3. Den Teig zu einer Rolle von circa 5 cm Durchmesser formen. Auf einem mit Backpapier belegten Backblech im vorgeheizten Ofen auf mittlerer Schiene 30–40 Minuten backen (Stäbchenprobe). Herausnehmen und etwas abkühlen lassen.

4. Den Puderzucker sieben und mit wenig Wasser dickflüssig verrühren. Auf das Berliner Brot streichen. Solange das Brot noch leicht warm ist, in Scheiben schneiden.

Zubereitungszeit: 45 Minuten
Backzeit: 40 Minuten

Ihr LandIDEE-Tipp

Haselnüsse schälen: Ofen auf 180 Grad Ober-/Unterhitze vorheizen. Nüsse auf ein Blech legen, 10 Minuten rösten. In ein altes Frotteehandtuch geben, einen Sack bilden. In die Hände schlagen, bis die Schalen sich lösen.

FALSCHE BUTTERBROTE

Zutaten für circa 50 Stück

Für den Teig: **250 g Honig, 250 g Zucker, 150 g Butter, 350–450 g Mehl, 1–2 TL Kakaopulver, 2 TL Lebkuchengewürz, 1 Ei, 1 TL Pottasche, 2 EL Rum, 125 g gehackte Mandeln, 125 g grob gehackte Haselnüsse, Mehl zum Arbeiten**

Für den Belag: **200 g Puderzucker, 1 Zitrone (Saft), gelbe Lebensmittelfarbe nach Belieben**

1. Honig, Zucker und Butter in einen Topf geben und unter gelegentlichem Rühren erhitzen, bis der Zucker aufgelöst ist, dann abkühlen lassen.

2. Mehl, Kakao und Lebkuchengewürz mischen und sieben. Die Mischung mit dem Ei zur Honigmasse geben und alles gründlich verkneten. Die Pottasche im Rum auflösen und mit den Mandeln und Nüssen ebenfalls unterkneten, ggf. etwas Mehl zugeben, bis der Teig nicht mehr klebt. Zugedeckt über Nacht in den Kühlschrank stellen.

3. Den Backofen auf 180 Grad Ober- und Unterhitze vorheizen. Den Teig auf bemehlter Arbeitsfläche circa 4 mm dünn ausrollen und Kreise (5–6 cm Durchmesser) ausstechen, auf mit Backpapier ausgelegte Backbleche legen und im vorgeheizten Backofen nacheinander je circa 15 Minuten goldbraun backen. Herausnehmen und abkühlen lassen.

4. Für den Belag den Puderzucker mit Zitronensaft und nach Belieben gelber Lebensmittelfarbe verrühren. Die Plätzchen damit einpinseln und trocknen lassen.

Zubereitungszeit: 45 Minuten
Ruhezeit: 12 Stunden; Backzeit: 30 Minuten

ERDNUSS-STERNE

Zutaten für circa 50 Stück

Für den Teig: **250 g Mehl, 75 g Puderzucker, Abrieb einer halben unbehandelten Zitrone, 1 Msp. Vanillemark, 1 Ei, 2 EL cremige Erdnussbutter, 125 g kalte Butter, Mehl zum Arbeiten**
Zum Verzieren: **200 g Erdnusskerne, 200 g Zucker, 2 EL Sahne**

1. Das Mehl mit dem Puderzucker, der Zitronenschale und Vanillemark mischen. Auf die Arbeitsfläche häufen und eine Mulde eintiefen. Das Ei und die Erdnussbutter hineingeben, die klein geschnittene Butter rundum verteilen. Alles zu Bröseln hacken und mit den Händen rasch zu einem geschmeidigen Teig verkneten, der nicht mehr an den Händen klebt. Gegebenenfalls etwas kaltes Wasser oder Mehl ergänzen. In Frischhaltefolie gewickelt circa 30 Minuten kalt stellen.

2. Den Ofen auf 180 Grad Unter- und Oberhitze vorheizen. Ein Blech mit Backpapier belegen.

3. Den Teig auf bemehlter Arbeitsfläche circa 3 mm dünn ausrollen und Sterne ausstechen. Auf das mit Backpapier belegte Backblech legen und im vorgeheizten Ofen 10–12 Minuten lichtgelb backen.
4. Währenddessen die Erdnüsse in einer heißen Pfanne duftend rösten. Aus der Pfanne nehmen, leicht abkühlen lassen und grob hacken. Den Zucker mit der Sahne und 2 EL Wasser in der heißen Pfanne goldbraun karamellisieren lassen, dann die Erdnüsse untermischen.
5. Die Plätzchen aus dem Ofen nehmen und jeweils etwa 1 TL der noch warmen Erdnussmasse auf die ebenfalls noch warmen Sterne setzen. Das Papier vom Backblech ziehen und die Plätzchen auskühlen lassen.
Zubereitungszeit: 35 Minuten
Kühlzeit: 30 Minuten; Backzeit: 12 Minuten

HOLUNDERKEKSE

Zutaten für circa 40 Stück

150 g weiche Butter, 150 g Zucker, 2 EL Vanillezucker, 1 Prise Salz, 2 Eigelb, 100 g gemahlene Mandeln (geschält), 200 g Mehl, circa 150 g Holunderblütengelee

1. Die Butter mit Zucker, Vanillezucker, Salz und den Eigelben verrühren. Die Mandeln und das Mehl mischen und unter die Buttermasse kneten. Den Teig zu zwei Rollen von je 3 cm Durchmesser formen, in Frischhaltefolie wickeln und 2 Stunden im Kühlschrank ruhen lassen.
2. Den Backofen auf 200 Grad Ober- und Unterhitze vorheizen. Ein Backblech mit Backpapier auslegen.
3. Von den Teigrollen etwa 2 cm dicke Scheiben abschneiden, zu Kugeln formen und auf das Backblech legen. In jede Kugel mit einem Kochlöffelstiel eine Vertiefung eindrücken. Die Plätzchen im vorgeheizten Backofen auf der mittleren Schiene 12–15 Minuten goldgelb backen. Herausnehmen und abkühlen lassen.
4. Das Holunderblütengelee in einem kleinen Topf vorsichtig erwärmen, glatt rühren und mit einem kleinen Löffel in die Vertiefungen der Plätzchen füllen. Das Gelee gut antrocknen lassen und die Plätzchen zum Aufbewahren in eine Dose füllen.
Zubereitungszeit: 45 Minuten
Ruhezeit: 2 Stunden; Backzeit: 15 Minuten

GRUNDZUBEREITUNG

Makronen

Meist sind sie schnell vom bunten Plätzchenteller verschwunden – Makronen. Die Kombination aus feinen Haselnüssen und süßer Schokolade schmeckt einfach zu köstlich. Oft wird der Klassiker mit Kokosraspeln zubereitet, doch auch die Variante mit gemahlenen Nüssen wird gerne vernascht. Beliebt sind sie nicht nur bei Schleckermäulern, sondern auch bei den fleißigen Bäckern, denn sie sind vergleichsweise rasch zubereitet. Seit dem 17. Jahrhundert kennt man das Rezept, und so sind Makronen heute fester Bestandteil der traditionellen Weihnachtsbäckerei. Herstellen kann man sie schon frühzeitig, da sie wegen ihres hohen Zuckergehalts nicht so schnell verderben. Damit sie ihren feuchten Kern behalten, sollte man sie luftdicht lagern.

HASELNUSSMAKRONEN MIT SCHOKOLADE

Zutaten für 30 Stück

2 Eiweiß, 250 g Puderzucker, 250 g gemahlene Haselnüsse, ½ Bio-Zitrone (Abrieb), ½ TL Zimt, 50 g Haselnüsse (ganze Kerne), Kuvertüre

1. Eiweiße und Puderzucker in einer Schüssel mit den Quirlen des elektrischen Handrührgeräts zu einer Schaummasse rühren. Anschließend die gemahlenen Haselnüsse, die abgeriebene Zitronenschale und den Zimt unterrühren.
2. Den Ofen auf 180 Grad Ober- und Unterhitze vorheizen. Den Teig mit angefeuchteten Händen zu kleinen Kugeln formen, auf ein mit Backpapier belegtes Blech setzen und mit je einer Haselnuss verzieren. Im vorgeheizten Ofen circa 15 Minuten backen. Die fertigen Makronen abkühlen lassen.
3. Die Kuvertüre erwärmen, bis sie flüssig ist. Je eine Hälfte der Plätzchen in die Schokolade tauchen. Auf einem Kuchengitter fest werden lassen.

Zubereitungszeit: 30 Minuten
Backzeit: 15 Minuten

1 Die Eiweiße mit dem Puderzucker schaumig aufschlagen. 2 Die gemahlenen Haselnüsse gemeinsam mit Zimt und Zitronenschale vorsichtig unter die Masse heben. 3 Die Schokoladenkuvertüre so lange erwärmen, bis sie schön flüssig ist, und die Plätzchen dann hälftig eintauchen

MOZARTKRAPFEN MIT CREMEFÜLLUNG & HASELNÜSSEN

Zutaten für circa 40 Stück

Für den Teig: 200 g kalte Butter, circa 200 g Mehl, 100 g gemahlene Haselnüsse, 100 g Zucker, 1 Prise Salz, 1 Ei, Mehl zum Arbeiten
Für die Füllung: 75 g gemahlene Haselnüsse, 120 g weiche Butter, 75 g Puderzucker, 2 cl Rum
Zum Garnieren: circa 40 Haselnusskerne, Puderzucker zum Bestäuben

1. Die in Stücke geschnittene Butter mit Mehl, Haselnüssen, Zucker, Salz und Ei rasch zu einem Mürbteig verkneten. Nach Bedarf etwas kaltes Wasser oder Mehl ergänzen. Zu einer Kugel formen und in Frischhaltefolie gewickelt circa 30 Minuten in den Kühlschrank stellen.
2. Den Ofen auf 180 Grad Ober- und Unterhitze vorheizen. Den Teig auf bemehlter Arbeitsfläche 3–4 mm dünn ausrollen und circa 80 runde Plätzchen mit circa 4 cm Durchmesser ausstechen. Auf einem Backpapier belegten Backblech im vorgeheizten Ofen circa 12 Minuten leicht goldbraun backen. Vom Blech nehmen und abkühlen lassen.
3. Für die Füllung die Nüsse in einer Pfanne ohne Fett kurz rösten, bis sie anfangen zu duften, dann abkühlen lassen, mit der weichen Butter, dem Zucker und dem Rum zu einer Creme verrühren.
4. Die Buttercreme mit einem Spritzbeutel auf eine Hälfte der ausgekühlten Plätzchen spritzen und die restlichen Plätzchen daraufsetzen, leicht andrücken. Mit der übrigen Creme kleine Tupfer aufspritzen und mit den ganzen Haselnüssen garnieren. Mit Puderzucker bestäubt servieren.
Zubereitungszeit: 45 Minuten
Kühlzeit: 30 Minuten; Backzeit: 15 Minuten

KÜRBISKERN-WÖLKCHEN

Zutaten für circa 45 Stück

170 g Kürbiskerne, 3 Eiweiß, 1 Prise Salz, 150 g Puderzucker

1. Den Ofen auf 160 Grad Ober- und Unterhitze vorheizen. Die Kürbiskerne in einer Pfanne ohne Fett duftend anrösten. Herausnehmen und etwa die Hälfte klein hacken.

2. Die Eiweiße mit dem Salz steif schlagen und dabei nach und nach den Puderzucker einrieseln lassen. Die gehackten Kürbiskerne unterheben. So lange weiterschlagen, bis die Masse glänzt und Spitzen zieht. Mit einem Esslöffel kleine Häufchen abnehmen und auf ein mit Backpapier belegtes Backblech setzen. Die ganzen Kürbiskerne auf die Häufchen verteilen.

3. Im vorgeheizten Ofen 15–20 Minuten backen. Herausnehmen und auskühlen lassen. In einer luftdichten Dose aufbewahrt, bleiben die Baisers circa 4 Wochen frisch.

Zubereitungszeit: 25 Minuten
Backzeit: 20 Minuten

NUSSECKEN

Zutaten für circa 40 Stück

Für den Teig: **350 g Mehl, 80 g Zucker, 200 g kalte Butter, 1 Eigelb, 20 g Honig**

Für den Belag: **200 g Haselnüsse, 200 g Mandeln, 50 g Walnüsse, 1 TL Zimt, 1 TL flüssiger Honig, 2–3 EL Sahne, 2 Eiweiß, Mehl zum Arbeiten, 100 g Zartbitterkuvertüre (Kakaogehalt 60 %)**

1. Das Mehl mit dem Zucker mischen, auf eine Arbeitsfläche häufeln und in die Mitte eine Mulde drücken. Die Butter in Stücke schneiden und um das Mehl herumlegen. Das Eigelb mit dem Honig in die Mitte geben und alles rasch zu einem glatten Teig verkneten. In Folie gewickelt im Kühlschrank 30 Minuten ruhen lassen.

2. Haselnüsse, Mandeln und Walnüsse grob hacken und mit dem Zimt vermischen. Honig, Sahne und die Eiweiße unterrühren und kühl stellen.

3. Den Ofen auf 180 Grad Umluft vorheizen. Den Teig auf einer leicht bemehlten Arbeitsfläche circa 30 x 40 cm ausrollen, auf das Blech legen und die Nussmasse gleichmäßig daraufstreichen. Im vorgeheizten Ofen 30–35 Minuten backen. Herausnehmen, sofort in Ecken schneiden und auf einem Kuchengitter auskühlen lassen.

4. Die Kuvertüre klein hacken und über einem heißen, nicht kochenden Wasserbad schmelzen. Die Ecken des Nussgebäcks in die geschmolzene Kuvertüre tauchen. Die fertigen Nussecken zum Trocknen auf Alufolie legen.

Zubereitungszeit: 35 Minuten
Ruhezeit: 30 Minuten; Backzeit: 35 Minuten

DREISPITZ-KEKSE

Zutaten für circa 45 Stück

Für den Teig: **250 g Mehl, 125 g Zucker, 1 EL Vanillezucker, 2 Eigelb, 125 g kalte Butter**

Für die Füllung: **1 Eiweiß, 80 g Zucker, 100 g gemahlene geschälte Mandeln, 1 Prise Zimt, 1 Prise Nelkenpulver**

Außerdem: **Mehl zum Arbeiten, 1 Eiweiß zum Bestreichen, Butter fürs Backblech, 1 Eigelb zum Bestreichen, 2 EL Milch, circa 45 geschälte Mandelkerne, Puderzucker zum Bestäuben**

1. Das Mehl mit dem Zucker und dem Vanillezucker auf die Arbeitsfläche häufen und eine Mulde formen. In die Mitte die Eigelbe geben, die klein geschnittene Butter rundherum setzen. Alles mit einem Messer durchhacken, dann mit den Händen rasch zu einem Teig verkneten, zu einer Kugel formen, in Frischhaltefolie wickeln und circa 60 Minuten kühl stellen.

2. Den Backofen auf 180 Grad Ober- und Unterhitze vorheizen. Für die Füllung das Eiweiß steif schlagen und den Zucker dabei einrieseln lassen. Weiterschlagen, bis die Masse schnittfest ist. Die Mandeln und die Gewürze unterheben. Bis zur Verwendung kühl stellen.

3. Den Teig auf einer leicht bemehlten Arbeitsfläche circa 3 mm dick ausrollen. Mit einem Plätzchenausstecher Kreise von circa 7 cm Durchmesser ausstechen. Jeweils ein etwa haselnussgroßes Häufchen von der Füllung in die Mitte setzen. Den Rand mit leicht verschlagenem Eiweiß bestreichen und an drei Seiten hochklappen. In den Ecken zusammendrücken, sodass „Hütchen" entstehen. Auf ein Backblech legen.

4. Das Eigelb mit der Milch verquirlen und die Hütchen damit einstreichen. Mit je einer Mandel belegen und im vorgeheizten Backofen auf mittlerer Schiene 10–12 Minuten hell backen. Herausnehmen, abkühlen lassen und mit Puderzucker bestäubt servieren.

Zubereitungszeit: 45 Minuten
Kühlzeit: 60 Minuten; Backzeit: 12 Minuten

Backmischungen zum Verschenken

Eine Idee, die die Gaumen der Gastgeber erfreut: Nur wenige Zutaten, ein schönes Glasgefäß und ein bisschen passende Dekoration sind für diese süßen Mitbringsel notwendig. Unsere Mischungen sind Vorschläge und zeigen, wie vielseitig man diese Idee umsetzen kann. Doch man kann sie auch für seine eigene Lieblingssorte abwandeln. Wichtig ist, dass nur trockene Zutaten wie Mehl, Zucker und Kakao oder Nüsse und getrocknete Früchte ins Glas kommen. Am besten lässt man sie vorsichtig mit einem Esslöffel oder einem Trichter einrieseln. Das Rezept mit den Restzutaten muss natürlich auch mit ans Glas.

BRATAPFEL-KONFEKT

Zutaten für circa 25 Stück:

Mandelblättchen zum Wälzen, 4 cl Amaretto, 1 Glas Konfektmischung für Bratapfel-Konfekt

1. Die Mandelblättchen in einer Pfanne ohne Fett goldbraun rösten, dabei ständig wenden. Auf einen Teller geben und abkühlen lassen.

2. Die Konfektmischung in eine Schüssel geben und die trockenen Zutaten gut mischen. Den Amaretto dazugießen und alle Zutaten zu einer gut formbaren Masse verkneten. Daraus kirschgroße Konfekt-Kugeln formen und in den Mandelblättchen wälzen.

3. In einer verschließbaren Dose aufbewahren, damit das Konfekt nicht austrocknet.

Zubereitungszeit: 30 Minuten

Konfektmischung für 1 Glas mit circa 1 l Inhalt

1. Schicht: 150 g Puderzucker
2. Schicht: 50 g Apfelchips, grob gehackt
3. Schicht: 50 g Rosinen
4. Schicht: 50 g Mandeln, grob gehackt
5. Schicht: 200 g Marzipan, in Flocken

Die Zutaten nacheinander in das Glas einfüllen. Mit Geschenkband und Etikett verzieren.

⊠ MANDELSPITZBUBEN MIT GLÜHWEINGELEE

Zutaten für circa 20 Stück

25 g Butter, 1 Ei, 1 Glas Backmischung für Spitzbuben, Glühweingelee und Puderzucker zum Verzieren

1. Den Backofen auf 180 Grad vorheizen. Ein Backblech mit Backpapier belegen. Die Butter in einem kleinen Topf bei geringer Hitze schmelzen und wieder etwas abkühlen lassen. Das Ei verquirlen, zur Butter geben und gut verrühren.

2. Die Backmischung aus dem Glas in eine Schüssel geben und die trockenen Zutaten gut mischen. Die Buttermasse dazugeben und alle Zutaten zu einem mittelfesten Teig verkneten. Den Teig in Frischhaltefolie wickeln und im Kühlschrank eine Stunde ruhen lassen.

3. Den Teig zwischen zwei großen Stücken Frischhaltefolie etwa ½ cm dick ausrollen. Für jedes Plätzchen zwei Kreise (Durchmesser 5 cm) ausstechen. Aus der Hälfte der Kreise kleine Bäume ausstechen. Die Plätzchen aufs Backblech legen. Im vorgeheizten Ofen etwa 10 Minuten backen.

4. Die Plätzchen abkühlen lassen, Glühweingelee glatt rühren und die Plätzchen damit zusammenkleben. Puderzucker über die Spitzbuben sieben.

Zubereitungszeit: 40 Minuten
Ruhezeit: 60 Minuten
Backzeit: 10 Minuten

> **Ihr *Land*IDEE-Tipp**
> Damit die Teigrohlinge beim Backen ihre Form behalten, kann man sie davor noch einmal kurz kalt stellen.

Backmischung für 1 Glas mit circa 750 ml Inhalt

1. Schicht: 100 g Weizenmehl Typ 405
2. Schicht: 50 g gemahlene Mandeln
3. Schicht: 50 g geschälte, gemahlene Mandeln
4. Schicht: 50 g Zucker mit 1 Prise gemahlener Vanille und ½ TL Zimt. Den Zucker mit der Vanille und dem Zimt mischen.

Die Zutaten nacheinander in das Glas einfüllen und verschließen. Mit etwas Stoff, einem Bändchen und einem Etikett verzieren.

INGWER-SCHOKO-PLÄTZCHEN

Zutaten für circa 20 Stück:

125 g Butter, 2 Eier, 4 EL Milch, 1 Glas Backmischung für Ingwer-Schoko-Plätzchen

1. Den Ofen auf 180 Grad vorheizen. Ein Backblech mit Backpapier belegen. Dann die Butter bei kleiner Hitze schmelzen und etwas abkühlen lassen. Die Eier verquirlen, zur Butter geben und gut verrühren.

2. Die Backmischung aus dem Glas in eine Schüssel geben und die trockenen Zutaten gut mischen. Die Buttermischung und die Milch in die Backmischung gießen und alle Zutaten zu einem klebrigen Teig verrühren.

3. Mit einem Esslöffel Plätzchen mit einem Durchmesser von etwa 5 cm auf das Backblech setzen. Achten Sie auf ausreichend Abstand zwischen den Plätzchen. Im vorgeheizten Ofen rund 10 Minuten backen. Auskühlen lassen und in einer gut verschließbaren Dose lagern.

Zubereitungszeit: 15 Minuten

Backzeit: 10 Minuten

Backmischung für 1 Glas mit circa 1 l Inhalt

1. Schicht: 200 g Dinkelmehl Typ 650
2. Schicht: 50 g brauner Zucker
3. Schicht: 1 EL Kakao
4. Schicht: 50 g Zucker
5. Schicht: 100 g Cashewkerne, grob gehackt
6. Schicht: 50 g dunkle Schokolade, grob geraspelt oder gehackt
7. Schicht: 50 g kandierter Ingwer, in kleine Stückchen geschnitten

Die Zutaten vorsichtig nacheinander in das Glas einschichten und verschließen. Mit einem dekorativen Bändchen und einem Etikett verzieren.

KOKOS-BLÜTEN-MAKRONEN

Zutaten für circa 25 Stück:

1 Glas Backmischung für Kokos-Blüten-Makronen, 2 Eiweiß

1. Den Ofen auf 150 Grad vorheizen. Ein Backblech mit Backpapier belegen.
2. Die Backmischung in eine Schüssel geben. Die trockenen Zutaten mischen, die Eiweiße zu Schnee schlagen und unterheben.
3. Mit einem Teelöffel Häufchen von 3 cm Durchmesser auf das Backblech setzen. Im vorgeheizten Ofen rund 30 Minuten backen. Die Makronen in einer gut verschließbaren Dose aufbewahren.
Zubereitungszeit: 15 Minuten
Backzeit: 30 Minuten

Backmischung für 1 Glas mit circa 750 ml Inhalt

1. Schicht: 75 g Kokosflocken
2. Schicht: 100 g Zucker, gemischt mit 2 EL getrockneten essbaren Blüten
3. Schicht: 75 g Kokoschips

Die Zutaten nacheinander in das Glas einfüllen und verschließen. Mit etwas Stoff, farbiger Kordel und einem Etikett verzieren.

SESAM-PISTAZIEN-KIPFERL

Zutaten für circa 25 Stück:

125 g Butter, 1 Ei, 1 Glas Backmischung für Sesam-Pistazien-Kipferl, Zucker zum Wenden

1. Den Ofen auf 180 Grad vorheizen. Ein Backblech mit Backpapier belegen. Die Butter bei kleiner Hitze schmelzen und etwas abkühlen lassen. Das Ei verquirlen und mit der Butter verrühren.
2. Die trockenen Zutaten der Backmischung in einer Schüssel vermischen. Die Buttermischung dazugießen und alles zu einem mittelfesten Teig verkneten. Den Teig in Frischhaltefolie wickeln und im Kühlschrank 1 Stunde ruhen lassen.
3. Aus dem Teig fingerdicke, etwa 5 cm lange Kipferl formen und aufs Backblech legen. Im vorge-

heizten Ofen etwa 10 Minuten backen. Die warmen Kipferl im Zucker wenden.

Zubereitungszeit: 40 Minuten

Ruhezeit: 60 Minuten; Backzeit: 10 Minuten

Backmischung für 1 Glas, circa 500 ml Inhalt

1. Schicht: 75 g Maismehl
2. Schicht: 75 g Weizenmehl Typ 405
3. Schicht: 1 EL ungeschälter Sesam
4. Schicht: 50 g Zucker mit 1 Prise gemahlener Vanille
5. Schicht: 25 g Maismehl
6. Schicht: 75 g Weizenmehl Typ 405
7. Schicht: 2 EL grob gehackte Pistazien

Die Zutaten nacheinander in das Glas einfüllen und verschließen. Mit einem Band und einem Etikett verzieren.

CRANBERRY-KÜRBISKERN-PLÄTZCHEN

Zutaten für circa 25 Stück:

125 g Butter, 2 Eier, 1 Glas Backmischung für Cranberry-Kürbiskern-Kekse

1. Den Backofen auf 180 Grad vorheizen. Die Butter bei kleiner Hitze schmelzen, dann etwas abkühlen lassen. Die Eier verquirlen, zur Butter geben und gut verrühren.
2. Die Backmischung in eine Schüssel geben und die trockenen Zutaten gut mischen. Die Buttermischung dazugießen und alle Zutaten zu einem klebrigen Teig verrühren.
3. Mit einem Esslöffel Plätzchen von etwa 3½ cm Durchmesser auf ein Backblech mit Backpapier setzen. Circa 15 Minuten goldbraun backen.

Zubereitungszeit: 15 Minuten; Backzeit: 15 Minuten

Backmischung für 1 Glas mit circa 1 l Inhalt

1. Schicht: 125 g Weizenmehl Typ 405
2. Schicht: 100 g brauner Zucker
3. Schicht: 100 g Haferflocken, grob und fein gemischt
4. Schicht: 50 g Kürbiskerne
5. Schicht: 100 g getrocknete Cranberrys

Die Zutaten in das Glas einfüllen und verschließen. Mit einem Bändchen und einem Etikett verzieren.

Backen mit Tradition

KLASSIKER UND NEUE IDEEN FÜR DEN ADVENT

Backe, backe Kuchen, der Bäcker hat gerufen: Auch wenn in der Weihnachtszeit hauptsächlich Plätzchen dekorativ die Teller füllen, gibt es auch großes Gebäck, das uns die Adventszeit versüßt. Allen voran Stollen, Früchtebrot und Lebkuchen, die zum althergebrachten Adventsbackwerk zählen und deren Rezepte seit Generationen weitergegeben werden.

Damit ein Stollen schön saftig schmeckt, wird er nach dem Backen dick mit Butter eingepinselt. Anschließend wird er dick mit Puderzucker eingestäubt und zieht noch einmal durch.

STOLLEN IM MINIFORMAT

Stollen werden stets aus einem schweren, also fettreichen, süßen Hefeteig gebacken. Unter den Teig werden dann Rosinen, Orangeat und Zitronat oder andere Trockenfrüchte gemischt. Sehr beliebt sind auch Füllungen: Ein zarter Marzipankern oder ein cremiges Inneres aus Nüssen oder Mohn ist für manche die Erfüllung ihrer Backträume. Dass man aber nicht immer ganze Laibe aus diesen Zutaten backen muss, zeigen unsere Rezepte: Pralinen, Konfekt und kleine Küchlein – diese sogar in der veganen Stollenvariante – sind kleine Naschereien für zwischendurch, die man obendrein auch sehr gut verschenken kann. Genauso wie das Lebkuchenhaus, das erst dekorativ, dann köstlich ist. Vor allem Kinder bauen gerne mit den süßen Leckereien. Da macht es auch nichts, wenn das Haus etwas windschief wird. Die Gewürze des Winters wie Zimt, Sternanis, Kardamom und Nelken machen sich aber nicht nur im Lebkuchen gut, sondern auch in unseren Gewürzkuchen, Pfeffernüssen und Früchtebroten. Sie sind ebenfalls Klassiker, auf die wir uns jedes Jahr schon vor der Adventszeit freuen.

Wer einmal Neues probieren möchte, wird bei unseren winterlichen Torten fündig: Bei großen Runden mit Familie und Freunden sind sie gern gesehene Gäste. Hier werden Gewürze, Nüsse und Schokolade etwas anders, aber nicht weniger lecker verbacken. Kombiniert mit sahnigen Cremes, die dem Gaumen schmeicheln, werden daraus wahre Backgedichte, die jede adventssonntägliche Kaffeetafel bereichern.

STOLLEN MIT NUSSFÜLLUNG

Zutaten für 1 Stollen

Für den Teig: 150 g weiche Butter, 100 g Zucker, 1 EL Vanillezucker, 2 Eier, 400 g Mehl, ½ TL Salz, 3 TL Backpulver, ½ TL Natron, 250 g Magerquark, Mehl zum Arbeiten

Für die Füllung: 2 Eier, 75 g Zucker, 200 g gemahlene Haselnüsse, 2 cl Rum, 1 TL Zimtpulver

Außerdem: 50 g flüssige Butter, 150 g Marzipanrohmasse, Puderzucker zum Arbeiten und Bestäuben

1. Für den Teig Butter, Zucker und Vanillezucker mit dem Handrührgerät schaumig quirlen. Die Eier einzeln zugeben und gründlich unterrühren. Mehl, Salz, Backpulver und Natron mischen. Zusammen mit dem Quark zur Eiermasse geben und alles zu einem glatten Teig verkneten.

2. Für die Füllung die Eier trennen und die Eigelbe mit dem Zucker cremig quirlen. Die Nüsse, den Rum und Zimt unterrühren. Die Eiweiße zu steifem Eischnee schlagen und unter die Nussmasse heben.

3. Den Ofen auf 200 Grad Ober- und Unterhitze vorheizen. Den Teig auf einer bemehlten Arbeitsfläche zu einem Rechteck von circa 25 cm Länge und 30 cm Breite ausrollen. Die Füllung daraufstreichen und dabei rundherum circa 3 cm frei lassen. Die Seiten leicht einschlagen und von un-

ten her aufrollen. Den Teig der Oberseite ebenso etwas über die Füllung schlagen und zum Schluss über den gerollten Teig legen, sodass eine Wölbung auf der Oberseite entsteht. Den Stollen auf ein mit Backpapier belegtes Blech legen. Im vorgeheizten Ofen auf der zweiten Schiene von unten circa 45 Minuten backen.

4. Die Butter schmelzen, auf den heißen Stollen pinseln und einziehen lassen. Den Stollen auskühlen lassen. Das Marzipan auf einer mit Puderzucker bestäubten Fläche dünn ausrollen und Sterne ausstechen. Dekorativ auf den Stollen legen und mit Puderzucker bestäubt servieren.

Zubereitungszeit: 60 Minuten
Backzeit: 45 Minuten

Ihr *Land*IDEE-Tipp

Der Stollen braucht keine lange Lagerzeit, er ist am nächsten Tag schon saftig und kann angeschnitten werden.

STOLLEN-PRALINEN

Zutaten für 60 Stück

150 g Rosinen, 50 ml Rum, 40 g Zitronat, 40 g Orangeat, 100 g gemahlene Mandeln, einige Tropfen Bittermandelaroma, 2 EL Vanillezucker, 1 Msp. Muskat, 1 Msp. gemahlene Nelken, ½ unbehandelte Zitrone (Abrieb und Saft), 250 g Mehl, ½ Würfel frische Hefe (21 g), 50 g Zucker, circa 60 ml lauwarme Milch, 200 g weiche Butter, 1 Prise Salz, Mehl zum Arbeiten, Puderzucker zum Bestäuben

1. Die Rosinen in Rum einweichen. Das Zitronat und das Orangeat fein hacken. Zusammen mit den Rosinen, den Mandeln, Mandelaroma, Vanillezucker, Muskat, Nelken, Zitronensaft und -abrieb gut vermengen.

2. Das Mehl in eine Schüssel geben und in der Mitte eine Mulde formen. Die Hefe hineinbröckeln, mit Zucker und Milch verrühren und abgedeckt circa 30 Minuten gehen lassen.

3. Anschließend 150 g Butter in Stücken, das Salz und die Nussmischung dazugeben und zu einem geschmeidigen Teig verkneten. Auf bemehlter Arbeitsfläche zu einem Rechteck ausrollen und auf ein mit Backpapier belegtes kleines Backblech legen (circa 30 x 20 cm). Gleichmäßig bis zu den Rändern flach drücken. Abgedeckt nochmals etwa 30 Minuten gehen lassen. Den Ofen auf 200 Grad Unter- und Oberhitze vorheizen.

4. Den Stollenteig im vorgeheizten Ofen circa 40 Minuten goldbraun backen. Anschließend aus dem Ofen nehmen und mit der restlichen Butter bestreichen. Auskühlen lassen, mit Puderzucker bestäuben und in Würfel schneiden.

Zubereitungszeit: 50 Minuten
Ruhezeit: 60 Minuten; Backzeit: 40 Minuten

CHRISTSTOLLEN-KÜCHLEIN vegan

Zutaten für 12 Stück

400 g Mehl, 1 Würfel Hefe (21 g), 1 TL Vanillezucker, 150 ml lauwarme Mandelmilch, 1 unbehandelte Orange, 50 g Rosinen, 225 g vegane Margarine, 50 g Zucker, 50 g Mandelstifte, Mehl zum Arbeiten, Puderzucker zum Bestäuben

1. Das Mehl in eine Schüssel sieben und eine Mulde eindrücken. Die Hefe hineinbröckeln und mit dem Vanillezucker und 2–3 EL lauwarmer Mandelmilch verrühren. Abgedeckt circa 15 Minuten ruhen lassen.

2. In der Zwischenzeit die Orange heiß waschen, abtrocknen, die Schale fein abreiben und den Saft auspressen. Die Rosinen im Orangensaft einweichen. 175 g Margarine bei kleiner Hitze schmelzen und wieder etwas abkühlen lassen.

3. Die übrige Milch mit dem Orangenabrieb, Zucker und der flüssigen Margarine zum Vorteig geben. Die Rosinen samt Orangensaft und die Mandeln ergänzen und alles zu einem glatten Teig

verkneten, der sich vom Schüsselrand löst. Falls nötig, noch Milch oder Mehl dazugeben. Abgedeckt circa 1 Stunde ruhen lassen.

4. Den Teig auf bemehlter Fläche zu einer Rolle formen und in 12 gleich große Stücke schneiden. Zu Kugeln formen und in ein Muffinblech mit 12 Papierförmchen setzen. Nochmals circa 15 Minuten ruhen lassen.

5. Den Backofen auf 175 Grad Ober- und Unterhitze vorheizen. Die Küchlein im Ofen circa 20 Minuten backen. Anschließend etwas abkühlen lassen. Die übrige Margarine schmelzen lassen und die lauwarmen Muffins damit bestreichen. Mit Puderzucker bestäuben und auskühlen lassen.

Zubereitungszeit: 40 Minuten
Ruhezeit: 90 Minuten
Backzeit: 20 Minuten

STOLLENKONFEKT

Zutaten für 40 Stück

250 g Mehl, 20 g frische Hefe, 100 ml lauwarme Milch, 1 Ei, 30 g Zucker, 1 Prise Salz, 1 EL Vanillezucker, 1 Msp. Zitronenabrieb (unbehandelt), 175 g Butter, 150 g Sultaninen, 50 g Zitronat, 50 g Orangeat, 50 g Mandelblättchen, Zucker zum Wenden, Puderzucker zum Bestäuben

1. Das Mehl in eine Schüssel geben, in die Mitte eine Vertiefung hineindrücken und die Hefe hineinbröckeln. Mit etwas Milch und Mehl vom Rand her verrühren und zugedeckt 30 Minuten ruhen lassen.

2. Das Mehl und den Vorteig mit der übrigen Milch, dem Ei, Zucker, Salz, Vanillezucker, Zitronenabrieb, 75 g Butter, den Früchten und Mandeln zu einem glatten Teig verkneten. Weitere 30 Minuten zugedeckt ruhen lassen.

3. Den Ofen auf 200 Grad Ober- und Unterhitze vorheizen. Den Teig auf einem mit Backpapier ausgelegten tiefen Backblech ausrollen (circa 30 x 25 cm) und circa 30 Minuten backen. Den Teig noch warm in Würfel schneiden oder in Stücke brechen.

4. Die übrige Butter zerlassen. Die Stollenwürfel zuerst in der flüssigen Butter, dann im Zucker wenden. Zum Schluss dick mit Puderzucker bestäuben.

Zubereitungszeit: 60 Minuten
Ruhezeit: 60 Minuten; Backzeit: 30 Minuten

Kandierte Früchte für die Vorratskammer

Grundsätzlich können alle Früchte kandiert werden, einige muss man jedoch vorbereiten. Äpfel und Birnen sollte man vorher zwei Minuten in heißem Wasser blanchieren, damit sie nicht braun werden. Kernobst wie Pflaumen, Pfirsiche und Aprikosen müssen mit einer Nadel von allen Seiten mehrmals eingestochen werden, damit der Zucker eindringen kann.

GUT DING WILL WEILE HABEN

Zunächst werden die Früchte gründlich gewaschen, gegebenenfalls von Kernen befreit und in mundgerechte Stücke geschnitten. Dann werden sie in einem Topf vollständig mit Wasser bedeckt, die Menge der benötigten Flüssigkeit wird gemessen und mit halb so viel Zucker vermischt. Einem Liter Wasser werden zum Beispiel 500 g Süße beigemengt. Das Kandieren dauert insgesamt etwa eine Woche. Am ersten Tag kocht man das Wasser mit dem Zucker auf, bis ein zähflüssiger Sirup entstanden ist, den man auf Zimmertemperatur abkühlen lässt. Dann gibt man die vorbereiteten Früchte in eine große Schüssel und übergießt sie mit dem Sirup, in dem sie 24 Stunden ziehen. Am nächsten Tag lässt man das Obst in einem Sieb abtropfen und fängt dabei die Zuckerlösung in einem Topf auf. Pro 100 g ursprünglicher Flüssigkeit gibt man nun weitere 20 g Zucker hinzu, bei einem Liter also 200 g. Den Sirup erneut aufkochen und anschließend auf 40 Grad abkühlen lassen. Die Früchte wieder übergießen und weitere 24 Stunden ziehen lassen. Den Vorgang am dritten und vierten Tag wiederholen, den Sirup jedoch nur noch auf 80 Grad herunterkühlen. Am letzten Tag wieder Zucker hinzugeben, die Mischung erneut erhitzen und die Früchte in den Topf legen, wo sie etwa 30 Sekunden mitkochen. Dann herausnehmen und auf einem Küchendraht gründlich abtropfen lassen. Zu guter Letzt müssen die süßen Köstlichkeiten für 48 Stunden trocknen. Um diesen Vorgang abzukürzen, kann man sie auch bei 120 Grad für rund 10 Minuten bei leicht geöffneter Tür in den Backofen legen. Die kandierten Früchte sind etwa ein Jahr haltbar.

Das Kandieren entzieht den Früchten Wasser und erhöht ihren Zuckergehalt auf etwa 70 Prozent, was Mikroorganismen wie Bakterien und Schimmelpilzen den Nährboden entzieht – das Obst bleibt länger haltbar

GRUNDZUBEREITUNG

Kletzenbrot

Ein echter Klassiker zu Weihnachten ist Früchtebrot. Schon im 15. Jahrhundert begann man bereits, im Oktober die getrockneten Birnen, im Volksmund Hutzeln oder Kletzen genannt, in die schweren Brotlaibe miteinzubacken – damals die einzige Möglichkeit, Brot zu süßen. Heute gibt es natürlich eine große Auswahl an Zutaten für dieses feine „Weihnachtsbrot“, in dem sich auch viele exotische Spezereien wie Datteln, Feigen, Nüsse, Rosinen oder Mandeln wiederfinden.

KLETZENBROT

Zutaten für 1 Brot bzw. für 10–12 Stück

100 g Roggenmehl, 200 g Kletzen (Dörrbirnen), 50 g Backpflaumen, 50 g Feigen, 50 g Rosinen, 250 g Roggenmehl, 250 g Weizenmehl, ½–1 Würfel Hefe, Salz, 1 Msp. Nelkenpulver, 1 Msp. Pimentpulver, 1 Msp. Muskatpulver, 1 Msp. Kardamompulver, ½ TL Zimt, 20 g Honig, 70 g ganze geschälte Haselnüsse, 70 g ganze geschälte Mandeln

1. Für den Sauerteig 120 ml Wasser und die Hälfte des Roggenmehls verrühren und 1–2 Tage an einem warmen Ort gehen lassen. Danach das restliche Roggenmehl unterrühren und nochmals circa 1 Stunde stehen lassen.
2. Die Kletzen über Nacht in Wasser einweichen, dann circa 25 Minuten kochen lassen und in Würfel schneiden. Das restliche Trockenobst ebenfalls in Würfel schneiden und mit den Rosinen in Rum einlegen.
3. Roggen- und Weizenmehl in eine Schüssel sieben. Mit dem Sauerteig, den eingelegten Früchten samt Rum, Hefe, Salz, Gewürzen, Honig, den Nüssen und 400 ml lauwarmem Wasser zu einem glatten Teig verkneten und an einem warmen Ort circa 1 Stunde gehen lassen. Den Ofen auf 180 Grad Ober- und Unterhitze vorheizen.
4. Den Teig zu einem länglichen Laib formen, mit etwas Wasser bestreichen und im vorgeheizten Ofen circa 60–70 Minuten backen (Stäbchenprobe).

Zubereitungszeit: 60 Minuten; Backzeit: 70 Minuten
Ruhezeiten: 25 Stunden

1 Die Dörrbirnen (Kletzen) über Nacht in Wasser einweichen und das Trockenobst in Rum einlegen. 2 Den Sauerteig mit den Früchten, Nüssen und 400 ml Wasser zu einem Teig verkneten. 3 Das Früchtebrot kann man auch in einer Form backen. Zu Sternen zusammengelegt, sind Mandeln dann eine schöne Dekoration

LEBKUCHEN MIT FEIGEN UND APFELRINGEN

Zutaten für circa 30 Stück

Für den Teig: 150 g Zucker, 150 g Zuckerrübensirup, 50 g Butter, 1 Prise Salz, 1 Msp. gemahlene Gewürznelken, 1 Msp. geriebenes Muskat, 1 Msp. gemahlener Piment, 50 g getrocknete Feigen, 50 g getrocknete Apfelringe, 500 g Mehl, ½ TL Natron, 1 Ei, 1 TL Backpulver, Mehl zum Arbeiten

Für die Deko: 200 g Puderzucker, 1 EL Zitronensaft, 30 weiße Schokosterne (circa 2 cm groß)

1. Zucker, Sirup und Butter bei schwacher Hitze zerlassen, bis kurz vor den Siedepunkt erhitzen und anschließend abkühlen lassen. Das Salz und die Gewürze unter das Zuckergemisch rühren.

2. Die Trockenfrüchte sehr fein hacken und zugeben. Mehl, Natron, das Ei und Backpulver mit der Zuckermasse verkneten. Der Teig soll nicht mehr an den Händen kleben, ggf. noch ein wenig Mehl unterkneten. Den Teig in Folie wickeln und 30 Minuten im Kühlschrank ruhen lassen.

3. Den Ofen auf 180 Grad Umluft vorheizen und das Backblech mit Backpapier auslegen. Den Teig auf bemehlter Arbeitsfläche 5–6 mm dick ausrollen und rechteckige Lebkuchen ausschneiden (circa 5 x 10 cm). Diese mit etwas Abstand auf das Backblech legen, mit Wasser bepinseln

und auf mittlerer Schiene im vorgeheizten Ofen 15–20 Minuten backen. Herausnehmen und auf einem Kuchengitter auskühlen lassen.
4. Für die Dekoration den Puderzucker mit dem Zitronensaft und wenig Wasser zu einem dickflüssigen Guss verrühren. Den Guss in einen kleinen Spritzbeutel füllen und die Lebkuchen mit einer Linie aus Puderzuckerglasur verzieren. Auf einer Ecke je einen Schokostern aufkleben. Den Guss gut trocknen lassen.
Zubereitungszeit: 50 Minuten
Ruhezeit: 30 Minuten; Backzeit: 20 Minuten

LEBKUCHEN-WEINBEISSER

Zutaten für circa 25 Stück

Für den Teig: **100 g feiner Zucker, 100 g Honig, 60 g weiche Butter, 1–2 EL Sahne, 1 Bio-Zitrone (Schale und Saft), 1 EL Vanillezucker, 2 Eier, 1 Prise Salz, 1 TL Lebkuchengewürz, 300 g Mehl, ½ TL Natron, Mehl zum Arbeiten**
Für die Glasur: **1 Eiweiß, 1 TL Zitronensaft, 200 g Puderzucker**

1. Für den Teig den Zucker mit Honig, Butter, Sahne, Zitronensaft, -schale und Vanillezucker mischen und unter Rühren aufkochen, anschließend abkühlen lassen.
2. Eier und Gewürze im heißen Wasserbad schaumig schlagen und nach und nach die ausgekühlte Honig-Zucker-Mischung unterschlagen, bis eine schöne Schaummasse entstanden ist.
3. Das Mehl mit dem Natron mischen und unter die Masse kneten. Den Teig in Frischhaltefolie wickeln und über Nacht im Kühlschrank ruhen lassen.
4. Am nächsten Tag den Backofen auf 180 Grad Ober- und Unterhitze vorheizen. Den Teig nochmals durchkneten. Auf wenig Mehl circa 5 mm dick ausrollen und in gleich große Rechtecke (circa 3 x 8 cm) schneiden. Die Teiglinge auf zwei mit Backpapier belegte Bleche legen und im vorgeheizten Ofen nacheinander in je circa 10 Minuten hellbraun backen. Herausnehmen und auf einem Gitter auskühlen lassen.
5. Für die Glasur alle Zutaten gut vermischen. Die ausgekühlten Weinbeißer damit einpinseln und trocknen lassen.
Zubereitungszeit: 45 Minuten
Backzeit: 20 Minuten; Ruhezeit: 12 Stunden

Lebkuchenhaus

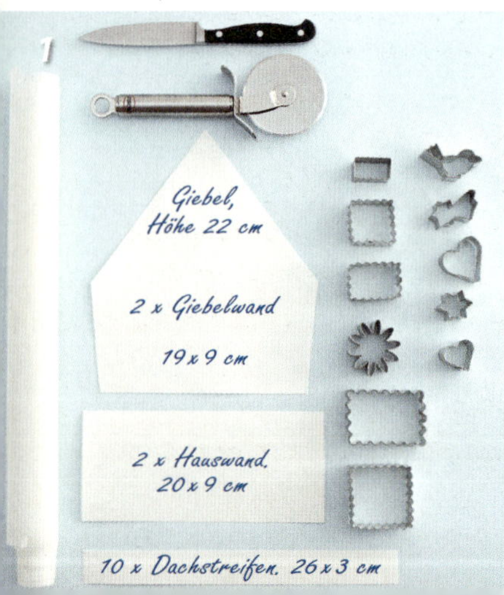

Fast zu schade zum Aufessen sind selbst gemachte Lebkuchenhäuser. Besonders mit Kindern macht es viel Spaß, die bunten Kunstwerke zu backen und mit Zuckerguss und all den Süßigkeiten, die man sich ausgesucht hat, zu verzieren. Der Fantasie sind dabei keine Grenzen gesetzt, und so kann man von bunten Zuckerstangen und -guss, Schokolinsen, Mäusespeck, Zuckerperlen, Nüssen, Gummibären bis hin zu Lakritze alles für die Deko aussuchen. Wer das Haus von innen festlich erleuchten möchte, verwendet dazu am besten ein elektrisches Teelicht.

WINTERLICHES LEBKUCHENHÄUSCHEN

Zutaten für 1 Häuschen

Für den Lebkuchen: **250 g Honig, 250 g brauner Zucker, 100 g Butter, 600 g Mehl, 1 TL Lebkuchengewürz, 1 EL Kakaopulver, 1 EL Pottasche, 1 Ei**

Für die Verzierung: **1 Eiweiß, 200–250 g Puderzucker, circa 100 g geschälte, ganze Mandeln, 1 Eiweiß, rosa und weißer Mäusespeck, Schokolinsen, Zuckerstangen, kleine Bonbons**

1. Für den Lebkuchenteig Honig, Zucker und Butter unter Rühren erhitzen, bis sich der Zucker gelöst hat. Beiseitestellen und abkühlen lassen. Mehl, Lebkuchengewürz und Kakao mischen, die Pottasche in 2 EL Wasser auflösen und zugeben. Das Ei verquirlen, mit der Honigmasse zum Mehl geben und alles gut verkneten. Den Teig in Folie wickeln und über Nacht kühl stellen.

2. Den Ofen auf 180 Grad Umluft vorheizen. Den Teig in 2 Hälften teilen und auf Blechgröße ausrollen. Auf je ein mit Backpapier belegtes Blech legen und circa 15 Minuten backen.

3. Aus Butterbrotpapier 2 Rechtecke à 20 x 9 cm als Hauswände, zwei Giebelwände à 19 x 9 cm mit einem Giebel, Höhe 22 cm, sowie für die Dachstreben 10 Streifen à 26 x 3 cm ausschneiden.

4. Auf den noch heißen Lebkuchenteig sofort alle Hausteile auflegen und ausschneiden (kalt bricht er beim Schneiden). Kamin, Fenster und Türen mit Plätzchenausstechern ausschneiden. Aus dem zweiten Teig eine Bodenplatte von 30 x 20 cm ausschneiden. Aus den Teigresten z. B. Dachziegel, Engel, Rehe und Tannenbäume ausschneiden. Die Teile auf einem Kuchengitter auskühlen lassen.

5. Das Eiweiß steif schlagen, unter weiterem Schlagen den Puderzucker einrieseln lassen, bis ein sehr dickflüssiger Zuckerguss entsteht.

6. Etwas Zuckerguss in ein Spritztütchen füllen. Tür und Fenster damit umranden. Die Seiten und Giebelwände mit Guss zusammensetzen, auf die Bodenplatte kleben und trocknen lassen.

7. Die Dachstreben ebenfalls mit Zuckerguss ankleben. Alle übrigen Teile des Hauses (z. B. Kamin, Leiter usw.) zusammenkleben. Den Kamin am Haus fixieren. Die Mandeln auf die Dachziegel kleben und die Dachziegel seitlich ans Haus kleben.

8. Nach Belieben mit Mäusespeck, Schokolinsen, Bonbons und Zuckerstangen schmücken. Mit Zuckerguss die Engel und die weiteren Figuren verzieren und die Zuckerstangen als Zaun anbringen. Alles gut trocknen lassen. Das Häuschen zum Verschenken luftdicht verpacken, da es sonst schnell austrocknet.

Zubereitungszeit: 120 Minuten

Ruhezeit: 12 Stunden; Backzeit: 15 Minuten

1 Mit Butterbrotpapier die gewünschten Maße für das Häuschen vorbereiten.
2 Nun die einzelnen Hauswände, Giebel und Dachstreben aus dem Lebkuchen schneiden.
3 Zum Trocknen entweder mit Gläsern abstützen oder mit Zahnstochern vorsichtig fixieren

PFEFFERNÜSSE

Zutaten für circa 35 Stück

Für den Teig: **75 g Butter, 125 g Rübensirup, 75 g brauner Zucker, ½ TL gemahlener Ingwer, ½ TL gemahlener Anis, 1 Msp. schwarzer Pfeffer aus der Mühle, 250 g Mehl, 1 Msp. Natron**
Zum Verzieren: **30 g Pinienkerne, 50 g geschälte Mandelkerne, 30 g Haselnussblättchen, 100 g Puderzucker, 1–2 EL Zitronensaft**

1. Butter, Sirup, brauner Zucker, Ingwer, Anis und Pfeffer in einen Topf geben und aufkochen lassen. Von der Hitze nehmen, das Mehl mit dem Natron daraufgeben und zu einem geschmeidigen Teig verrühren. Abkühlen lassen und abgedeckt über Nacht in den Kühlschrank stellen.
2. Den Ofen auf 180 Grad Unter- und Oberhitze vorheizen. Ein Backblech mit Backpapier auslegen. Den Teig nochmals kurz durchkneten und zu kleinen Kugeln (Durchmesser circa 2 cm) formen. Leicht flach drücken und auf das Blech legen. Nach Belieben mit den Nüsse belegen, leicht andrücken und im vorgeheizten Ofen 10–15 Minuten goldbraun backen. Vom Blech nehmen und auskühlen lassen.
3. Zum Verzieren 75 g Puderzucker mit dem Zitronensaft zu einem dickflüssigen Guss anrühren. Einige Plätzchen noch warm damit bestreichen, die anderen, ebenfalls noch warm, in den restlichen Puderzucker tauchen.
Zubereitungszeit: 50 Minuten
Kühlzeit: 12 Stunden; Backzeit: 15 Minuten

LEBKUCHEN MIT SCHOKOLADE UND ORANGE

Zutaten für circa 25 Stück

50 g brauner Zucker, 100 g Blütenhonig, 100 g weiße Kuvertüre, 20 g Butter, 1 Eigelb, 1 TL Lebkuchengewürz, 1 TL abgeriebene Bio-Orangenschale, 1 Prise Salz, 220 g Dinkelmehl (Type 630), ½ TL Backpulver, 1 EL Kakaopulver, 1 EL Rum, 1 EL weißer Rum, 80 g Puderzucker

1. Den Zucker mit Honig, der gehackten Kuvertüre und der Butter in einem kleinen Topf unter Rühren schmelzen lassen. Vom Herd nehmen und abkühlen lassen.
2. Das Eigelb mit dem Lebkuchengewürz, der Orangenschale und dem Salz unterrühren. Mit Mehl, Backpulver, Kakao und Rum zu einem glatten Teig verkneten. In Frischhaltefolie gewickelt circa 30 Minuten kalt stellen.

3. Den Backofen auf 180 Grad Umluft vorheizen. Den Teig zu einem Strang formen (circa 2 cm Durchmesser) und in circa 25 Scheiben schneiden. Diese zu etwa walnussgroßen Kugeln formen und mit Abstand auf ein mit Backpapier belegtes Backblech legen, leicht flach drücken. Im vorgeheizten Backofen 15–20 Minuten backen. Die Lebkuchen vorsichtig vom Blech nehmen und auf einem Kuchengitter auskühlen lassen.

4. Für den Guss den weißen Rum mit Puderzucker zu einer dickflüssigen Glasur verrühren. Die Lebkuchen bestreichen und trocknen lassen.

Zubereitungszeit: 45 Minuten
Kühlzeit: 60 Minuten; Backzeit: 20 Minuten

Früchtekuchen mit Puderzucker

Zutaten für 1 Form (20 x 20 cm)

50 g getrocknete Aprikosen, 50 g getrocknete Pflaumen, 50 g Rosinen, 10 cl Rum, Butter und Mehl für die Form, 200 g Butter, 180 g brauner Zucker, Abrieb von 1 unbehandelten Orange, 1 Prise Salz, 4 Eier, 225 g Mehl, 100 g gemahlene Haselnüsse, 50 g gehackte Mandeln, 1 EL Backpulver, circa 100 ml Milch, Puderzucker zum Bestäuben

1. Die Aprikosen und Pflaumen grob hacken und mit den Rosinen in Rum einweichen. Gut 2 Stunden ziehen lassen.

2. Den Ofen auf 180 Grad Ober- und Unterhitze vorheizen. Eine Springform ausbuttern und mit Mehl bestäuben.

3. Die Butter mit dem Zucker, Orangenabrieb und dem Salz cremig schlagen, bis der Zucker nicht mehr knirscht. Die Eier trennen, die Eigelbe einzeln unterrühren, das Mehl mit den Nüssen, Mandeln und dem Backpulver mischen und mit der Milch abwechselnd unterrühren. Das Eiweiß steif schlagen und unterheben.

4. Die eingeweichten Früchte abgießen, abtropfen lassen und unter den Teig heben. Den Teig in die vorbereitete Form füllen, glatt streichen und im vorgeheizten Ofen circa 45 Minuten backen (Stäbchenprobe).

5. Den Kuchen aus den Ofen nehmen, abkühlen lassen, vorsichtig aus der Form lösen und auf einem Kuchengitter erkalten lassen.

6. Den Kuchen mit einer Tortenspitze belegen und den Puderzucker daraufsieben. Die Tortenspitze entfernen.

Zubereitungszeit: 40 Minuten
Backzeit: 45 Minuten; Einweichzeit: 2 Stunden

HONIGKUCHEN MIT WEIHNACHTSGEWÜRZEN UND NÜSSEN

Zutaten für 1 kleines Backblech, circa 20 x 30 cm

Für den Honigkuchen: **Butter und gemahlene Mandeln für die Form, 120 g Waldhonig, 80 g brauner Zucker, 100 ml Sahne, 200 g Walnusshälften, 200 g weiche Butter, 3 Eier, 400 g Mehl, 1 EL Kakao, 1 Msp. Vanillemark, 1 TL gemahlener Ingwer, 1 Msp. geriebene Muskatnuss, ½–1 TL Zimt, 1 Msp. gemahlener Piment, 1 Msp. gemahlener Kardamom, 1 TL Backpulver**
Für die Garnitur: **50 ml Orangensaft, 175 g Zucker, 30 Walnusshälften**

1. Den Backofen auf 180 Grad Ober- und Unterhitze vorheizen. Das Backblech ausbuttern und mit Mandeln ausstreuen (oder mit Backpapier auslegen).
2. Den Honig mit dem Zucker und der Sahne in einem kleinen Topf erwärmen, bis der Zucker ganz geschmolzen ist. Vom Herd nehmen und abkühlen lassen.

3. Die Hälfte der Walnüsse grob hacken und die übrigen Nüsse fein mahlen.
4. Die Butter mit dem Honig-Zucker-Gemisch schaumig rühren. Die Eier nach und nach unterschlagen. Das Mehl mit dem Kakao, den gemahlenen und gehackten Walnüssen, den Gewürzen und dem Backpulver vermischen und unterrühren. Den Teig auf das Blech streichen und im vorgeheizten Ofen circa 45 Minuten backen (Stäbchenprobe). Nach dem Backen den Kuchen auf einem Kuchengitter abkühlen lassen.
5. Für den Sirup den Orangensaft mit dem Zucker in einen Topf geben und circa 10 Minuten leise zu einem dickflüssigen Karamellsirup einköcheln lassen. Die Walnusshälften durch den Sirup ziehen (dazu am besten eine Pralinengabel benutzen) und sofort auf den Kuchen setzen. Restlichen Sirup ggf. über den Kuchen träufeln, zum Servieren in Stücke schneiden.

Zubereitungszeit: 45 Minuten
Backzeit: 45 Minuten

Ihr *Land*IDEE-Tipp

Um die Walnusskerne zu zermahlen, kann man entweder den Zerkleinerer-Aufsatz des Stabmixers oder eine Nussmühle nehmen. Probieren kann man es alternativ auch mit einer Handkäsereibe mit Kurbel.

HONIGKUCHEN MIT ROSINEN

Zutaten für 1 kleines Backblech, circa 20 x 30 cm

150 g Honig, 100 ml Sahne, 250 g weiche Butter, 50 g Zucker, 4 Eier, circa 350 g Mehl, 2 TL Kakao, 50 g gemahlene Mandeln, 1 TL gemahlener Ingwer, 1 Msp. Muskat, 1 TL Backpulver, 150 g weiche Trockenfrüchte (z. B. Pflaumen, Kirschen), 50 g geschälte Mandeln, 2–3 EL Sahne zum Bepinseln, Puderzucker zum Bestäuben

1. Den Backofen auf 180 Grad Ober- und Unterhitze vorheizen. Ein Backblech mit Backpapier auslegen.
2. Den Honig mit der Sahne in einem kleinen Topf erwärmen und schmelzen lassen. Vom Herd nehmen und lauwarm abkühlen lassen.
3. Die Butter mit dem Zucker schaumig rühren. Die Eier nach und nach zugeben. Das Mehl mit dem Kakao, den Mandeln, dem Ingwer, Muskat und Backpulver vermischen und mit dem Sahne-Honig zügig unter die Butter-Eier-Masse rühren. Die Trockenfrüchte etwas zerkleinern und mit den geschälten Mandeln unterkneten. Nach Bedarf noch etwas Mehl oder Wasser ergänzen.
4. Den Teig in das Backblech füllen und gleichmäßig verstreichen. Mit der Sahne bepinseln und im vorgeheizten Backofen circa 1 Stunde backen (Stäbchenprobe). Falls der Kuchen zu stark bräunt, mit Alufolie abdecken.
5. Aus dem Ofen nehmen, auskühlen lassen, mit Puderzucker bestäuben und in Stücke geschnitten servieren.

Zubereitungszeit: 35 Minuten
Backzeit: 60 Minuten

SÜSSE PASTETCHEN

Zutaten für circa 24 Stück

Für die Füllung: **1 Apfel, 200 g getrocknetes Obst, 50 g kandierte Früchte (gemischt), 25 g Mandeln, Abrieb von 2 unbehandelten Orangen, Abrieb von 1 unbehandelten Zitrone, 100 g Butterschmalz oder ungehärtetes Pflanzenfett, 50 g Rohrzucker, 2 TL Lebkuchengewürz, 2 TL Brandy**

Für den Mürbteig: **350 g Mehl, 1 Prise Salz, 75 g Zucker, 150 g Butter, 1 Ei, Puderzucker zum Verzieren**

1. Für die Füllung den Apfel waschen halbieren und entkernen. Zusammen mit dem Trockenobst, den kandierten Früchten und den Mandeln fein hacken. Orangen- und Zitronenabrieb dazugeben. Mit Butterschmalz, Zucker, Lebkuchengewürz und Brandy in einem Topf vermischen und auf dem Herd etwa 15 Minuten köcheln. Dann abkühlen und über Nacht ziehen lassen.

2. Das Mehl auf die Arbeitsfläche häufeln, mit Salz und Zucker mischen und in die Mitte des Mehls eine Mulde drücken. Die kalte Butter in kleine Stücke schneiden, um die Mulde herum verteilen, das Ei und 1 EL eiskaltes Wasser in die Mitte geben und sämtliche Zutaten mit dem Messer gut durchhacken, mit den Händen rasch zu einem Teig verkneten, zu einer Kugel formen, in Frischhaltefolie wickeln und circa 30 Minuten kühl stellen.

3. Den Teig ausrollen, 24 Kreise für den Boden ausstechen oder ausradeln (7 ½ cm Durchmes-

ser). Aus dem restlichen Teig mit einem Teigrädchen 1–2 cm breite Streifen schneiden.
4. Die Teigkreise in 24 gefettete Tortelette-Formen legen, darauf je 2 EL der Füllung geben. Dann die Teigstreifen darauf arrangieren, sodass sie ein Flechtmuster ergeben. An den Rändern zusammendrücken.
5. Den Ofen auf 180 Grad Ober- und Unterhitze vorheizen. Die Pastetchen im vorgeheizten Ofen circa 25 Minuten goldbraun backen. Zum Servieren mit Puderzucker bestäuben.
Zubereitungszeit: 50 Minuten
Backzeit: 25 Minuten
Kühl- und Ziehzeit: 13 Stunden

GEWÜRZKUCHEN

Zutaten für 1 eckige Backform, circa 25 x 15 cm

100 g brauner Zucker, 250 g Honig, 150 ml Milch, 250 g Mehl, 2 EL Kakaopulver, 1 TL Anis (gemahlen), 1 TL Zimt (gemahlen), ½ TL Nelken (gemahlen), 1 Prise Kardamom (gemahlen), 1 Prise Pfeffer, 1 Prise Salz, 1 Eigelb, 1 EL Rum, 2 TL Natron

1. Den Zucker, den Honig und die Milch in einen kleinen Topf geben und unter gelegentlichem Rühren erwärmen, bis sich der Zucker vollständig aufgelöst hat. Vom Herd nehmen und lauwarm abkühlen lassen.
2. Das Mehl mit dem Kakao, Anis, Zimt, Nelken, Kardamom, Pfeffer und Salz vermischen. Die Mehlmischung mit der Honigmasse zu einem glatten Teig verrühren. Abgedeckt circa 4 Stunden ruhen lassen.
3. Den Backofen auf 120 Grad Umluft vorheizen. Die Form mit Backpapier auskleiden.
4. Das Eigelb mit dem Rum und dem Natron verrühren und unter den Teig rühren. In der Form verteilen und mit Alufolie abdecken. Im vorgeheizten Backofen circa 30 Minuten backen. Anschließend die Folie entfernen und nochmals 1–1 ½ Stunden backen (Stäbchenprobe). Den fertigen Kuchen (kann innen noch leicht feucht sein) aus der Form heben und auf einem Kuchengitter erkalten lassen.

Zubereitungszeit: 35 Minuten
Ruhezeit: 4 Stunden; Backzeit: 2 Stunden

Ihr *Land*IDEE-Tipp

Statt der eckigen Backform eignet sich auch eine Kastenform von 30 cm Länge. Zum Verzieren passt Zimtguss aus etwa 100 g Puderzucker, 2 EL Milch und 1 TL Zimt.

LINZER TORTE vegan

Zutaten für 1 Tarteform von circa 26 cm Durchmesser

Für den Teig: 250 g Mehl, 250 g Zucker, 1 EL Vanillezucker, 250 g gemahlene Mandeln, 1–2 TL gemahlener Zimt, 1 Prise gemahlene Nelken, 1 TL Kakaopulver, 1 Prise Salz, 250 g kalte vegane Margarine, 2 EL Sojamilch, 2 cl Kirschwasser, weiche Margarine und Mehl für die Form

Für den Belag: 200–250 g rote Marmelade (z. B. Himbeer, Johannisbeer, Kirsche usw.), 2–3 EL Sojamilch, 1 Prise gemahlener Safran oder Kurkuma

1. Das Mehl mit dem Zucker, Vanillezucker, Mandeln, Zimt, Nelken, Kakao und Salz vermischen und auf die Arbeitsfläche häufeln. Eine Mulde eindrücken. Die Margarine in kleine Stücke schneiden und auf dem Mehlrand verteilen. Die Sojamilch und das Kirschwasser in die Mitte geben und alles mit einer Teigkarte zerhacken, sodass kleine Krümel entstehen. Diese mit den Händen zu einem glatten Teig zusammenkneten und in Folie gewickelt im Kühlschrank circa 1 Stunde ruhen lassen.

2. Die Form ausfetten und mit Mehl bestäuben. Den Backofen auf 180 Grad Ober- und Unterhitze vorheizen.

3. Den Teig halbieren. Eine Hälfte zwischen Frischhaltefolie circa 4 mm dünn ausrollen. Eine Folie abziehen und den Teig in die Form legen. Die zweite Folie lösen und den Teig in der Form andrücken, dabei einen Rand formen.

4. Den überschüssigen Teig abschneiden. Die zweite Teighälfte mit den Teigresten ebenso ausrollen und verschieden große Sterne ausstechen.

5. Die Marmelade auf dem Kuchenboden verstreichen. Dicht an dicht mit den Sternen bedecken. Die Sojamilch mit dem Safran (oder Kurkuma) verrühren und die Sterne sowie den Teigrand damit einpinseln. Im vorgeheizten Ofen circa 40 Minuten backen. Auskühlen lassen und servieren.

Zubereitungszeit: 60 Minuten
Ruhezeit: 60 Minuten
Backzeit: 40 Minuten

Ihr *Land*IDEE-Tipp

Wer mag, kann aus dem übrigen Teig Sterne ausstechen und mit Safran-Milch bestreichen. Auf einem Backpapier im Ofen 10–15 Minuten backen und als Plätzchen genießen.

SCHOKOLADENTORTE MIT SPEKULATIUS

Zutaten für 1 Springform von circa 26 cm Durchmesser

Weiche Butter und Mehl für die Form, 150 g Zartbitterkuvertüre, 100 g Spekulatius, 250 g weiche Butter, 200 g Zucker, 4 Eier, 350 g Mehl, 2 EL Kakaopulver, 2 TL Backpulver, 100 g gemahlene Mandeln, circa 120 ml Milch

1. Den Backofen auf 180 Grad Ober- und Unterhitze vorheizen. Die Form buttern und bemehlen.

2. Für den Teig die Schokolade grob hacken und über einem heißen Wasserbad schmelzen. Anschließend wieder abkühlen lassen.

3. Die Spekulatius im Blitzhacker fein zerkleinern. Die Butter mit dem Zucker schaumig rühren. Nach und nach die Eier und die Schokolade unterrühren. Das Mehl mit dem Kakao, ¾ der Spekulatiusbrösel, dem Backpulver und den Mandeln mischen, auf die Buttermasse geben und mit der Milch unterziehen.

4. Den Teig in die Form füllen, glatt streichen und im vorgeheizten Ofen circa 35 Minuten backen (Stäbchenprobe). Abkühlen lassen, aus der Form lösen und auf einem Kuchengitter erkalten lassen. Zum Servieren mit übrigen Spekulatiusbröseln bestreuen.

Zubereitungszeit: 30 Minuten
Backzeit: 35 Minuten

WEIHNACHTSKUCHEN MIT GLÜHWEIN, LEBKUCHENGEWÜRZ & SCHOKOSTERNEN

Zutaten für 1 Springform von circa 26 cm Durchmesser

Für den Kuchenboden: **200 g weiche Butter, 200 g brauner Zucker, 4 Eier, 300 g Dinkelmehl (Type 630), 25 g Kakaopulver, 1 TL Lebkuchengewürz, 2 TL Backpulver, ½ TL Natron, 100 ml Glühwein (alkohlfreie Variante geht mit Traubensaft), 100 ml Milch, Butter und Mehl für die Form**

Für die Creme: **2 EL Zucker, 1 EL Vanillezucker, 1 Päckchen Mandelpuddingpulver, 500 ml Mandelmilch, 250 g weiche Butter, 80 g Puderzucker, 2–3 Tropfen Bittermandelaroma, 6 EL Glühwein, Schokoladensterne zum Garnieren**

1. Ofen auf 180 Grad Ober- und Unterhitze vorheizen. Butter und Zucker mit dem Handrührer cremig schlagen. Eier unterrühren. Mehl, Kakao, Lebkuchengewürz, Backpulver und Natron mischen und mit Glühwein und Milch rasch unterrühren. Die Form buttern und mehlen, Teig einfüllen, glatt streichen und im vorgeheizten Ofen 45 Minuten backen. Abkühlen lassen und aus der Form lösen.

2. Zucker, Vanillezucker und Puddingpulver mischen und mit circa 75 ml Milch glatt rühren. Die übrige Milch in einem Topf zum Kochen bringen, vom Herd nehmen, das Puddingpulver mit dem Schneebesen einrühren und zurück auf der Hitze 2–3 Minuten unter Rühren zu einem cremigen Pudding rühren. In eine Schüssel füllen und mit Klarsichtfolie bedeckt abkühlen lassen.

3. Den Kuchen waagerecht in drei Böden schneiden. Butter und Puderzucker zu einer cremigen Masse quirlen. Den auf Zimmertemperatur abgekühlten Pudding löffelweise unterrühren.

4. Den unteren Kuchenboden auf eine Kuchenplatte legen und dünn mit der Creme bestreichen. Zweiten Boden auflegen und ebenso mit Creme bestreichen. Mit der Oberseite abdecken, leicht andrücken und den Kuchen mit der übrigen Creme dünn umhüllen. Bis zum Servieren in den Kühlschrank stellen. Nach Belieben mit Schokoladensternen garniert servieren.

Zubereitungszeit: 60 Minuten
Backzeit: 45 Minuten

Spekulatius-Orangentorte

Zutaten für 1 Springform von circa 26 cm Durchmesser

Für den Teig: **Butter für die Form, 175 g Butter, 4 Eier, 175 g Zucker, 2 EL Vanillezucker, 150 ml Milch, 200 g Mehl, 75 g gemahlene Haselnüsse, 20 g Kakaopulver, 1 EL Spekulatiusgewürz, 3 TL Backpulver**

Für den Belag: **6–8 Saftorangen (davon 1 unbehandelt), 3 EL Zucker, 2 EL Vanillezucker, 80 g Speisestärke, 4 cl Orangenlikör, 500 ml Sahne, 2 Päckchen Sahnesteif, 80 g Schokoraspel (zartbitter)**

1. Den Backofen auf 180 Grad Ober- und Unterhitze vorheizen. Den Boden der Kuchenform mit Backpapier auslegen, den Rand buttern.

2. Die Butter schmelzen und etwas abkühlen lassen. Eier, Zucker und Vanillezucker mit dem Handrührgerät dick-cremig aufschlagen. Butter und Milch unterrühren. Mehl, Nüsse, Kakao, Gewürz und Backpulver mischen und rasch unter den Teig rühren. Falls der Teig zu zäh ist, etwas Milch einrühren. In die Form füllen, glatt streichen und im vorgeheizten Backofen circa 45 Minuten backen (Stäbchenprobe).

3. Anschließend kurz abkühlen lassen, aus der Form lösen und auf einem Kuchengitter vollständig erkalten lassen (mindestens 3 Stunden). Danach den Kuchenboden auf eine Kuchenplatte setzen, mit einem Tortenring (oder dem Springformrand) umschließen und mit einem Löffel circa 2 cm tief aushöhlen. Die ausgelöste Kuchenmasse zerbröseln und zur Seite stellen.

4. Für die Füllung die unbehandelte Orange heiß waschen, abtrocknen und die Schale abreiben. Den Saft aller Orangen auspressen. Davon etwa 800 ml abmessen, den übrigen Saft anderweitig verwenden. Den Zucker mit dem Vanillezucker und der Stärke in einer Schale vermischen. Mit dem Likör und circa 100 ml Saft glatt rühren.

5. Den übrigen Orangensaft mit dem Orangenabrieb zum Kochen bringen, vom Herd nehmen und die Stärkemischung mit dem Schneebesen einrühren. Zurück auf der Hitze 2–3 Minuten zu einer dicklichen Creme einköcheln lassen. Die Creme in den ausgehöhlten Kuchen füllen und im Kühlschrank circa 3 Stunden fest werden lassen.

6. Zum Fertigstellen die Sahne mit dem Sahnesteif steif schlagen. Die Schokolade unterheben und auf der Torte glatt verstreichen. Die Kuchenbrösel darauf verteilen, den Tortenring abziehen und servieren.

Zubereitungszeit: 70 Minuten
Backzeit: 45 Minuten; Ruhezeit: 6 Stunden

MALAKOFF-TORTE MIT SELBST GEMACHTEN BISKOTTEN

Zutaten für 1 Torte mit circa 24 cm Durchmesser

Für die Biskotten: **6 Eier, 130 g Zucker, 2 EL Vanillezucker, Salz, 70 g Speisestärke, 70 g Mehl, Puderzucker zum Bestäuben**

Für die Torte: **200 g weiche Butter, 200 g Puderzucker, 4 Eigelb, 200 g geschälte, gemahlene Mandeln, 6 EL Rum, 150 g Schlagsahne, circa 180 ml Milch**

Zum Verzieren: **350 ml Sahne, 50 g Puderzucker, 100 g geröstete Mandelblättchen**

1. Für die Biskotten den Ofen auf 180 Grad Ober- und Unterhitze vorheizen. Die Eier trennen. Die Eigelbe mit dem Zucker und Vanillezucker schaumig rühren. Das Eiweiß mit einer Prise Salz steif schlagen. Den Eischnee auf die Eigelbe setzen. Das Mehl mit der Stärke darübersieben und alles vorsichtig unterheben.
2. Die Masse in einen Spitzbeutel mit großer Lochtülle füllen und circa 7 cm lange Biskotten auf ein mit Backpapier belegtes Backblech spritzen. Mit Puderzucker bestäuben und circa 10 Minuten goldgelb backen. Herausnehmen, vom Blech ziehen und auf einem Kuchengitter abkühlen lassen. Auf diese Weise alle Biskotten (circa 65 Stück) ausbacken.
3. Eine Springform mit Backpapier auskleiden. Für die Torte die Butter schaumig rühren und nacheinander den Puderzucker sowie die Eigelbe unterrühren. Die Mandeln und 2 EL Rum untermischen. Die Sahne steif schlagen und vorsichtig unterheben.
4. Den übrigen Rum mit der Milch in einen tiefen Teller geben. Einen Teil der Biskotten darin wenden und den Boden der Springform damit auslegen. Etwas Creme daraufgeben, wieder eine Schicht getränkte Biskotten auflegen und mit Creme bestreichen. An den Rändern halbierte, nicht getränkte Biskotten hineinstellen. Die getränkten Biskotten und die Creme waagerecht einschichten, bis alle Zutaten verbraucht sind. Die letzte Schicht bildet eine Lage aus ungetränkten Biskotten.
5. Die Torte mit Frischhaltefolie abdecken, mit einem Holzbrett oder Teller beschweren und über Nacht kalt stellen. Am nächsten Tag die Beschwerung und die Folie wieder entfernen und den Springformrand lösen. Die Sahne mit dem Puderzucker steif schlagen und die Torte damit rundherum bestreichen. Mit den Mandelblättchen verzieren und servieren.

Zubereitungszeit: 75 Minuten
Backzeit je Blech: 10 Minuten
Kühlzeit: 12 Stunden

BAISERTORTE MIT MANDELBLÄTTCHEN

Zutaten für 1 Torte mit circa 24 cm Durchmesser

Für das Baiser: **5 Eiweiß, 1 Prise Salz, 250 g Zucker, 1 EL Speisestärke**

Für die Creme: **200 ml Sahne, 1 Päckchen Sahnesteif, 2 Eigelb, 2 EL Vanillezucker, 50 g Zucker, 50 ml Orangensaft, 50 g Mandelmus, 250 g Mascarpone, 100 g Mandelblättchen, Puderzucker zum Bestäuben**

1. Den Backofen auf 130 Grad Umluft vorheizen, 2 Backbleche mit Backpapier auslegen. Die Eiweiße mit dem Salz und dem Zucker so lange verquirlen, bis die steife Masse weiß glänzende Spitzen bildet. Die Stärke unterrühren. Die Baisermasse in einen Spritzbeutel mit runder Tülle füllen und jeweils Kreise (à circa 24 cm Durchmesser) auf die Backbleche spritzen. Im vorgeheizten Ofen circa 25 Minuten backen bzw. trocknen. Anschließend aus dem Ofen nehmen und auf den Blechen auskühlen lassen.
2. Für die Creme die Sahne mit dem Sahnesteif steif schlagen. Die Eigelbe mit dem Vanillezucker, dem Zucker und dem Orangensaft über einem heißen Wasserbad weiß-cremig schlagen.
3. Von der Hitze nehmen und das Mandelmus einrühren. In einem kalten Wasserbad kalt rühren. Den Mascarpone unterziehen und die Schlagsahne unterheben. Die Creme in den Kühlschrank stellen.
4. Die Mandelblättchen in einer Pfanne ohne Fett goldbraun und duftend rösten. Herausnehmen und abkühlen lassen.
5. Einen Baiserboden auf eine Kuchenplatte setzen und mit der Creme bestreichen. Die Mandeln (bis auf 1 EL) gleichmäßig rundherum an den Rand der Creme drücken und den zweiten Kuchenboden auflegen. Mit den übrigen Mandelblättchen bestreuen und mit Puderzucker bestäubt servieren.

Zubereitungszeit: 60 Minuten
Backzeit: circa 25 Minuten

KLEINES GEBÄCK

Handliche Küchlein

KLEIN, SÜSS UND RAFFINIERT

Ein herrlicher Duft erfüllt die weihnachtliche Backstube, wenn süße Gaumenfreuden im Ofen aufgehen und eine leichte Bräune erhalten. Doch es sind nicht etwa Plätzchen, die uns hier auf Weihnachten einstimmen, sondern kleine Kuchen in hübschen Papierförmchen und in kugelrunder Form. Mit Liebe verziert, machen diese Gebäckstücke jede Weihnachtstafel zu etwas ganz Besonderem.

FEINES AROMA, KREATIVE DEKO

Cremeküchlein, auch unter dem Namen »Cupcakes« bekannt, werden in speziell geformten Blechen gebacken und anschließend mit einem Guss oder einer Haube aus Buttercreme dekoriert. Während die rustikalen Muffins, die ganz ohne Verzierung auskommen, verschiedene Aromen – etwa von Nüssen, Früchten und auch herzhaften Leckereien – vereinen, bestehen Cremeküchlein nur aus wenigen Zutaten. Ihr Teig enthält meist lediglich etwas Schokolade, einige Teelöffel Vanillezucker oder ein paar Fruchtstückchen, die für den nötigen Geschmack sorgen. Obwohl die kleinen Kuchen schon Ende des Ersten Weltkrieges in den USA verkauft wurden, begann ihr Siegeszug erst in den 1990er-Jahren, als eine Bäckerei in New York nach einer Möglichkeit suchte, übrig gebliebenen Kuchenteig zu verwerten.

Eine nicht weniger kreative Idee hatte die Engländerin Angie Dudley, als sie kleine Bällchen aus Kuchenbröseln und flüssiger Schokolade, Marmelade oder Frischkäse auf Lollistiele steckte. Cake Pops (»Kuchenlollis«) nannte sie ihre süße Kreation, die sie in ihrer Backstube in London herstellt. Auf ihrer Internetseite (*www.bakerella.com*) finden sich neben Lollis, die wie kleine Karotten mit rosigen Wangen, niedliche Hunde und bekannte Filmfiguren aussehen, auch viele weihnachtliche Varianten. Die Kuchenlollis kann man entweder in einer speziellen Maschine frisch backen oder aber aus einem bereits fertigen Kuchen formen. Sind sie vollständig ausgekühlt, steckt man sie auf einen Stiel und beginnt mit dem Dekorieren. Die nötigen Utensilien dafür kann man online und in gut sortierten Lebensmittelläden kaufen. Hübsch verpackt hat man so im Nu ein hübsches Mitbringsel für Familie und Freunde.

Spezielle Maschinen formen aus einem Klecks Teig diese ebenmäßigen Kugeln. Wer zerbröselten Kuchen mit einer cremigen Zutat wie Frischkäse mischt, kann bei den Formen dagegen variieren

HASELNUSS-DOPPELDECKER MIT PUDERZUCKER

Zutaten für circa 12 Stück

Für den Teig: 125 g Butter, 100 g brauner Zucker, 2 EL Zuckerrübensirup, 1 Prise Salz, 1 Ei, 150 g Mehl, 50 g gemahlene Haselnüsse, 1–2 EL Speisestärke, 1 TL Backpulver, 12 Haselnüsse
Zum Füllen und Garnieren: 150 g weiße Schokolade, 2 EL Sahne, 1 kalter Espresso, circa 50 g kalte Butter, Puderzucker zum Bestäuben

1. Den Ofen auf 180 Grad Ober- und Unterhitze vorheizen. Butter, Zucker, Sirup und Salz schaumig schlagen, dann das Ei unterrühren. Mehl, Haselnüsse, Stärke und Backpulver mischen und unter die Schaummasse mengen.
2. Den Teig in 24 Klecksen auf ein mit Backpapier belegtes Blech setzen. Zur Hälfte mit den Haselnüssen versehen. Alles im vorgeheizten Ofen 12–15 Minuten backen und auskühlen lassen.
3. Für die Creme die weiße Schokolade mit der Sahne über dem heißen Wasserbad schmelzen lassen. Vom Herd nehmen, den Espresso und die kalte Butter in Flöckchen unterschlagen und auskühlen lassen. Die Masse sollte noch cremig sein.
4. Die Unterseiten der Kekse ohne Haselnüsse mit der Creme bestreichen. Die übrigen Kekse andrücken und mit Puderzucker bestäubt servieren.

Zubereitungszeit: 40 Minuten
Backzeit: 15 Minuten

HAFERFLOCKEN-HAPPEN MIT AHORNSIRUP-WALNUSS-CREME

Zutaten für 15 Stück

Für den Teig: **125 g weiche Butter, 150 g brauner Zucker, 1 Ei, 200 g Vollkornmehl, 1 EL Speisestärke, 150 ml Buttermilch, 50 g kernige Haferflocken**

Für die Füllung: **100 g weiche Butter, 3–4 EL Ahornsirup, 100 g Frischkäse, circa 100 g Puderzucker, 40 g gehackte Walnüsse**

1. Den Ofen auf 180 Grad Ober- und Unterhitze vorheizen. Die Butter mit dem Zucker cremig schlagen und das Ei unterrühren. Das Mehl mit der Stärke mischen und mit der Buttermilch abwechselnd unter den Teig heben. Die Haferflocken bis auf 2 EL unter den Teig ziehen.
2. Mit einem Löffel 30 Teighäufchen auf ein mit Backpapier belegtes Backblech setzen, leicht flach streichen und mit den übrigen Haferflocken bestreuen. Im vorgeheizten Ofen circa 15 Minuten goldbraun backen. Vom Blech nehmen und auskühlen lassen.
3. Für die Füllung Butter und Sirup cremig rühren. Den Frischkäse untermengen und so viel Puderzucker unterschlagen, bis eine streichfähige Creme entsteht. Die Walnüsse untermischen.
4. Die Hälfte der Kekse auf der Unterseite mit Creme bestreichen und je ein zweites Plätzchen daraufdrücken.

Zubereitungszeit: 40 Minuten
Backzeit: 15 Minuten

KÜCHLEIN MIT TROCKENFRÜCHTEN UND KARAMELLSOSSE

Zutaten für 12 Stück

Für die Küchlein: 50 g Datteln ohne Stein, 50 g getrocknete Kranbeeren, 50 g getrocknete Aprikosen, 2–3 EL Rum, Butter und Mehl für die Förmchen, 50 g Mandelkerne, 250 g Mehl, 2 TL Backpulver, 1 TL Natron, 1 TL Zimtpulver, 1 Ei, 80 g Zucker, 1 EL Vanillezucker, 80 ml Rapsöl, 250 ml Buttermilch

Für die Soße: 120 g Zucker, 200 ml Sahne, 40 g Butter

1. Die Datteln, Kranbeeren und Aprikosen in kleine Stücke schneiden und in einer Schüssel mit dem Rum vermengen. Circa 30 Minuten ziehen lassen.

2. Den Backofen auf 180 Grad Ober- und Unterhitze vorheizen. 12 kleine Formen (z. B. Muffinformen) ausbuttern und mit Mehl bestäuben. Die Mandeln klein hacken. Das Mehl mit dem Backpulver, Natron und Zimt mischen. Das Ei mit dem Zucker und Vanillezucker schaumig quirlen. Das

Öl und die Buttermilch unterrühren. Die Mehlmischung rasch unterrühren. Die Trockenfrüchte und Mandeln nur noch unterheben, in die Förmchen füllen und im vorgeheizten Backofen circa 25 Minuten goldbraun backen (Stäbchenprobe). Danach herausnehmen und in den Formen auskühlen lassen.

3. Für die Soße den Zucker mit 3–4 EL Wasser in einem Topf golden karamellisieren lassen. Von der Hitze nehmen und vorsichtig die Sahne angießen. Wieder auf den Herd stellen und den Karamell loskochen. Alles dickflüssig einköcheln lassen und zuletzt die Butter einrühren. Die Soße wieder vom Herd nehmen und etwas abkühlen lassen.

4. Die Küchlein aus den Formen lösen, mit etwas Karamellsoße beträufeln und nach Belieben mit Blattgold bestäubt servieren.

Zubereitungszeit: 40 Minuten

Backzeit: 25 Minuten

Ihr LandIDEE-Tipp

Wenn auch Kinder von den süßen Küchlein naschen wollen, kann man zum Einweichen des Trockenobstes auch Apfelsaft anstatt Rum verwenden. Von der Soße kann man auch mehr herstellen: Heiß in ein luftdichtes Glas gefüllt, hält sie im Kühlschrank 2–3 Wochen.

SELBST GEMACHTE KANDIS-LOLLIS MIT MANDELBLÄTTCHEN

vegan

Zutaten für 20 Stück

200 g brauner Kandis, 60 g Mandelblättchen, 20 Lolli-Stiele

1. Den Kandis in den Blitzhacker geben und fein zerkleinern. Circa 75 ml Wasser in einer Pfanne erhitzen, den zerkleinerten Kandis hineingeben und schmelzen lassen. Die Masse in der Pfanne goldbraun karamellisieren lassen und die Mandelblättchen untermischen.

2. Ein Backblech mit Backpapier belegen. Die noch (sehr!) heiße Masse löffelweise in flachen Klecksen mit etwas Abstand auf dem Blech verteilen. In jeden Klecks einen Lolli-Stiel drücken und auskühlen lassen. Nach Belieben zum Verschenken in Zellophanpapier verpacken.

Zubereitungszeit: 10 Minuten

HASELNUSS-MACARONS

Zutaten für 15 Stück

Für die Creme: **100 g Milchschokolade, 40 g Butter, 50 ml Sahne, 1 EL Haselnusssirup, 1 Msp. Vanillemark**

Für die Macarons: **60 g gemahlene Haselnüsse, 110 g Puderzucker, 2 Eiweiß, 20 g Zucker, 15 g Kakaopulver, 2 EL gehackte Haselnüsse, 1 Msp. Zimtpulver**

1. Für die Schokoladencreme die Schokolade hacken und in eine Metallschüssel geben. Über einem heißen Wasserbad schmelzen lassen. Die Butter in Stücke schneiden und mit der Sahne, dem Sirup und der Vanille zugeben und glatt rühren. Von der Hitze nehmen, abkühlen lassen und kalt stellen.

2. Den Backofen auf 150 Grad Unter- und Oberhitze vorheizen. Die gemahlenen Haselnüsse mit dem Puderzucker fein mahlen und durch ein feines Sieb auf ein Backblech sieben. Im vorgeheizten Backofen 5–7 Minuten backen und anschließend auskühlen lassen.
3. Die Eiweiße steif schlagen, dann den Zucker einrieseln lassen. Das Kakaopulver unterrühren. Die Haselnussmischung mit den gehackten Haselnüssen und Zimt daraufgeben und unterheben. In einen Spritzbeutel füllen und etwa 30 Tupfer auf ein mit Backpapier belegtes Backblech aufspritzen. Etwa 1 Stunde leicht antrocknen lassen.
4. Im heißen Backofen (erneut bei 150 Grad) 10–15 Minuten backen. Vorsichtig vom Blech nehmen und auskühlen lassen.
5. Die Schokoladencreme noch einmal gut durchrühren und in einen Spritzbeutel mit gezackter Tülle füllen. Die Hälfte der Macarons auf der Unterseite mit der Schokoladencreme versehen und ein zweites Plätzchen leicht daraufdrücken.

Zubereitungszeit: 45 Minuten
Backzeit: 22 Minuten
Trockenzeit: 90 Minuten

Ihr *Land*IDEE-Tipp

Wichtig ist, dass Macarons mit sehr fein gemahlenen Nüssen gebacken werden. Entweder findet man das richtige Nussmehl oder mahlt die Nüsse selbst noch einmal mit einer Küchenmaschine.

WEIHNACHTS-TOFFEES

Zutaten für 12–15 Stück

200 g Zucker, 300 g heller Sirup, 200 ml Sahne, 30 g Butter

1. Den Zucker mit dem Sirup, der Sahne und der Butter in einen Topf geben und aufkochen lassen. Unter regelmäßigem Rühren etwa 20 Minuten dicklich und goldbraun einkochen lassen. Zur Probe, ob das Toffee fest genug wird, einen Tropfen in ein Glas mit kaltem Wasser geben. Wird die Kugel fest, ist das Toffee fertig.

2. Die Masse nach Belieben in kleine Tütchen füllen, je einen Holzstiel hineinstecken und fest werden lassen.

Zubereitungszeit: 5 Minuten
Kochzeit: 20 Minuten

GRUNDZUBEREITUNG

Kuchenlollis

Kuchenlollis sind nicht nur ungemein praktisch, sondern können je nach Geschmack auch vielfach variiert werden. Statt Kuchen kann man zum Beispiel ein paar übrig gebliebene Weihnachtsplätzchen verwenden, und die Glasur muss nicht zwingend aus Schokolade bestehen. Zu Weihnachten eignen sich für die Deko kleine Sterne und essbarer Glitzerstaub, die man in gut sortierten Supermärkten kaufen kann. Nüsse und Kakaopulver schmecken aber genauso gut.

1 Aus Kuchenbröseln, Butter, Puderzucker und Frischkäse zuerst kleine Kugeln formen. 2 Die Lollistiele in geschmolzene Schokolade tauchen und die Kugeln damit aufspießen. 3 Die Schokolade im Wasserbad schmelzen und die Kuchenlollis komplett eintauchen

KUCHENLOLLIS

Zutaten für circa 20 Stück

Für den Teig: 75 g weiche Butter, 75 g Zucker, 1 Prise Zimt, 2 Eier, 100 g Mehl, 40 gemahlene Haselnüsse, 1 EL Kakaopulver, 1 Messerspitze Backpulver, 4 EL Milch
Für die Creme: 40 g Butter, 60 g Puderzucker, 100 g Frischkäse
Zum Verzieren: 200 g Zartbitterkuvertüre, 2–3 EL Sahne, 1 TL Pflanzenöl, gehackte Nüsse, Kakaopulver

1. Den Backofen auf 180 Grad Ober- und Unterhitze vorheizen. Butter, Zucker und Zimt cremig rühren. Eier nach und nach dazugeben. Mehl, Nüsse, Kakao und Backpulver mischen und mit der Milch unter die Butter-Zucker-Eier-Masse rühren, bis ein dickflüssiger Teig entsteht.
2. Den Teig in eine mit Backpapier ausgelegte Springform füllen und im vorgeheizten Backofen circa 30 Minuten backen. Stäbchenprobe machen. Den Kuchen herausnehmen, auskühlen lassen, aus der Form lösen und in eine Schüssel bröseln.
3. Für die Creme Butter und Puderzucker weiß-cremig schlagen und den Frischkäse nach und nach unterrühren. Die Creme mit den Kuchenbröseln vermengen und kleine Bällchen formen.
4. Etwas Kuvertüre schmelzen. Holzspieße oder Lollistiele etwa einen Zentimeter tief eintauchen, die Bällchen aufstecken und für circa 1 Stunde in den Kühlschrank stellen.
5. Die restliche Kuvertüre im Wasserbad schmelzen und die Sahne und das Öl unterrühren. Die Lollis komplett damit bedecken, etwas abtropfen lassen und nach Belieben in gehackten Haselnüssen oder Kakao wälzen. Trocknen lassen.

Zubereitungszeit: 60 Minuten; Backzeit: 30 Minuten; Kühlzeit: 60 Minuten

SCHOKOLADEN-KÜCHLEIN MIT KARDAMOM

Zutaten für 12 Stück

Für die Cremeküchlein: 100 g Zartbitterkuvertüre, 100 g Butter, circa 100 ml Milch, 1 Ei, 100 ml saure Sahne, 100 g Zucker, 200 g Mehl, 1 TL Speisestärke, 1 TL Backpulver, 2 EL Kakaopulver, 1 Prise Salz

Zum Garnieren: 400 g Zartbitterkuvertüre, 5–6 Kardamomkapseln, 200 ml Sahne, 50 g Butter, 2 EL Kakao

1. Den Backofen auf 180 Grad Umluft vorheizen. Die Schokolade grob hacken. Die Butter in einem Topf erhitzen, die Schokolade zugeben und darin schmelzen lassen. Von der Hitze nehmen.

2. Die Milch, das Ei, die saure Sahne und den Zucker mit dem Handrührgerät verquirlen. Das Mehl, die Speisestärke, Backpulver, Kakao und Salz in einer Schüssel gut vermischen. Die Milchmischung und die Schokobutter zugeben und zu einer homogenen Masse verrühren.

3. Papierförmchen in ein Backblech mit Vertiefungen setzen, den Teig einfüllen (jeweils knapp bis zur Hälfte) und auf mittlerer Schiene 20–25 Minuten backen. Anschließend kurz abkühlen

lassen, die Küchlein vom Blech nehmen und auskühlen lassen.

4. Für die Creme die Kuvertüre hacken und in eine Schüssel geben. Sahne mit den angedrückten Kardamomkapseln in einem Topf erhitzen. Etwa 10 Minuten ziehen lassen, dann durch ein Sieb über die Kuvertüre gießen und rühren, bis sie sich gelöst hat. Die Butter in Flöckchen zugeben und mit dem Kakao unterschlagen. Mindestens zwei Stunden abkühlen lassen, bis die Creme etwas fester geworden ist.

5. Die Masse nochmals kräftig durchrühren und in einen Spritzbeutel mit gezackter Tülle füllen. Die Kuchen mit der Schokoladencreme verzieren.

Zubereitungszeit: 45 Minuten
Backzeit: 25 Minuten
Kühlzeit: 2 Stunden

SCHOKOLADEN-HAPPEN MIT SÜSSER FÜLLUNG

Zutaten für 10–12 Stück

Für den Teig: **120 g Butter, 180 g Zucker, 1 Ei, 250 g Mehl, 1 TL Backpulver, 100 ml Milch, 70 g Zartbitterkuvertüre**

Für die Creme: **150 g Frischkäse (pur), 2 EL Vanillesirup, 1 EL Puderzucker, 75 ml Sahne, Schokosternchen zum Garnieren**

1. Den Backofen auf 180 Grad Ober- und Unterhitze vorheizen. Die Butter mit dem Zucker schaumig schlagen. Das Ei zugeben und gut verrühren. Nach und nach das Mehl mit dem Backpulver dazusieben und mit der Milch zu einem glatten Rührteig verarbeiten.

2. Die Kuvertüre grob hacken und in eine Metallschüssel geben. Über einem heißen Wasserbad schmelzen, kurz etwas abkühlen lassen und unter den Teig rühren.

3. Mit Hilfe eines Esslöffels den Teig in kleinen Klecksen (Durchmesser circa 2½ cm) auf ein mit Backpapier belegtes Backblech geben. Im vorgeheizten Backofen 10–12 Minuten backen. Herausnehmen und auskühlen lassen.

4. Für die Creme den Frischkäse mit dem Sirup und dem Zucker verrühren. Die Sahne steif schlagen und vorsichtig unter die Creme heben.

5. Die Masse in einen Spritzbeutel füllen, bei der Hälfte der Kekse auf die Unterseite auftragen und je einen zweiten Keks andrücken. Nach Belieben mit Schokosternchen verzieren.

Zubereitungszeit: 35 Minuten
Backzeit: 12 Minuten

Einfach zum Dahinschmelzen

Das Wasser, über dem Schokolade oder Kuvertüre geschmolzen wird, darf nicht heißer als 46 Grad sein, also nicht kochen

Backen mit Schokolade: Das ist so etwas wie die Königsdisziplin in der Adventsbackstube. Denn Schokolade ist nicht gleich Schokolade – zum Backen verwendet man weiße, Halbbitter- und Edelbitterschokolade. Und schließlich und endlich ist da die Kuvertüre. Was sind die Merkmale der einzelnen Sorten?

Hochwertige Schokolade erkennt man am Kakaoanteil: Die dunkle Edelbitterschokolade hat mit 79 % den höchsten Gehalt. Der Kakaobutteranteil, also der Anteil an Fett, sollte mindestens 25 Prozent betragen. In der Halbbitterschokolade ist keine Milch enthalten. Der Kakaoanteil beträgt um die 48 Prozent und der Fettanteil ist sehr gering. Diese Schokolade eignet sich sehr gut zum Glasieren von Kuchen, man sollte jedoch etwas Butter beim Schmelzen zusetzen. Weiße Schokolade enthält praktisch keinen Kakao, jedoch Kakaobutter sowie Milch und Zucker. Im Unterschied zur Schokolade darf bei der Kuvertüre der etwas höhere Fettanteil durch ein preisgünstigeres Pflanzenfett erzielt werden; das macht sie billiger als die edle Halbbitterschokolade.

FETT HILFT BEIM SCHMELZEN

Dieser höhere Fettanteil macht die Kuvertüre sehr geeignet zur Weiterverarbeitung: Beim Schmelzen über dem Wasserbad muss keine Butter zugesetzt werden. Dabei sollte das Wasser höchstens die 46-Grad-Marke erreichen, darf also nicht kochen. Denn sonst werden sowohl Kuvertüre als auch Schokolade fleckig und haben beim anschließenden Erkalten nicht mehr den für sie typischen Glanz.

Schokodrops eignen sich hervorragend zur Herstellung von Pralinen, aber auch zum ganz normalen Backen. Denn sie schmelzen schneller als die Blockschokolade. Auch bei den Drops gibt es mehrere Sorten

PRALINEN

Zartes Konfekt

FEINER GENUSS, DER AUF DER ZUNGE ZERGEHT

Hm, ooh, köstlich – kein Zweifel, süße Sünden verzaubern in der Adventszeit den Gaumen eines jeden Süßigkeiten-Liebhabers. Die verschiedenen Kreationen sind so vielfältig, dass jeder genau seinen Favoriten beim Konfekt auswählen kann – für „Schleckermäuler" ist das Weihnachtsfest ein wahres Fest der Sinne. Die meisten sehen hauptsächlich in der Schokolade das Objekt der Begierde, aber es geht auch ohne Kakao, das zeigen Karamellbonbons, selbst gemachtes Nougat oder zuckersüßes Baiserkonfekt.

KÖNIGLICHE HERKUNFT

Trotzdem haben Schokohungrige das Recht auf ihrer Seite, wenn man die Praline genau unter die Lupe nimmt. Dann nämlich bezeichnet der Begriff bissgroße Konfekte mit Füllung und Schokoladenüberzug. Ursprünglich stammt die Bezeichnung aus Frankreich und bedeutet übersetzt „gebrannte Mandel". Erinnern soll sie an den Namen des Marschalls Plessis-Praslin, seinerzeit Minister des „Sonnenkönigs" Ludwig XIV. Sein Koch kreierte der Geschichte nach süße Leckereien aus gezuckerten Mandeln und Schokolade und benannte sie nach seinem Herrn. Später, etwa seit dem 19. Jahrhundert, übertrug sich dieser Name auf die immer zahlreicheren Schokoladenspezialitäten.

Inzwischen gibt es neben Konditoreien, die oft ein großes Sortiment an Pralinen anbieten, sogar eigene Geschäfte, die sich auf das kleine Konfekt spezialisiert haben. Am schönsten ist es jedoch, gerade in der „stillen" Zeit, die

Nur ein paar spezielle „Werkzeuge", wie etwa feine Pinsel oder Ausroller, benötigt man neben den Zutaten zur Herstellung der exquisiten Süßigkeiten

kleinen Köstlichkeiten selber herzustellen. Es ist gar nicht so schwer, und mit ein bisschen Übung gelingen die Weihnachtsleckereien immer besser. Probieren Sie ruhig auch ausgefallene Zutaten oder verschiedene Geschmacksrichtungen – die Walnuss-Aprikosen-Kugel und auch die Limettentrüffel sind wirklich ein Gedicht. Und so gilt auch in diesem Jahr wieder: „Eine Schachtel (selbst gemachter) Pralinen ist immer ein willkommenes Gastgeschenk."

KANDIERTE ORANGENSCHEIBEN MIT ZARTBITTERSCHOKOLADE

vegan

Zutaten für circa 30 Stück

1 kg Zucker, 4 unbehandelte Orangen, 350 g Zartbitterkuvertüre

1. Den Zucker mit 1 l Wasser aufkochen und etwa 5 Minuten köcheln, bis sich der Zucker gelöst hat. Anschließend lauwarm abkühlen lassen.
2. Die Orangen heiß waschen, trocken tupfen und in 3–4 mm dünne Scheiben schneiden. Nebeneinander auf ein gelochtes Blech oder feines Sieb legen und in eine flache Form oder auf ein Blech stellen. Mit dem Sirup bedecken. Circa 12 Stunden ziehen lassen.
3. Den Sirup abgießen, erneut aufkochen und leicht abkühlen lassen. Wieder über die Orangen gießen und weitere 12 Stunden ziehen lassen.
4. Dann die Orangen aus dem Sirup nehmen und auf einem Gitter abtropfen lassen. 1–2 Tage trocknen lassen.
5. Die Kuvertüre hacken und über einem heißen Wasserbad schmelzen lassen und von der Hitze nehmen. Die Orangenscheiben etwa bis zur Hälfte in die Kuvertüre eintauchen, auf Backpapier legen und trocknen lassen.

Zubereitungszeit: 20 Minuten
Ruhezeit: 24 Stunden; Trocknungszeit: 2 Tage

SCHOKOSALAMI MIT KRANBEEREN, MARZIPAN UND WALNÜSSEN

vegan

Zutaten für 3–4 Stück

100 g getrocknete Kranbeeren, 150 g getrocknete Feigen, 150 g Trockenpflaumen, 150 ml Weinbrand, 400 g Zartbitterkuvertüre, 100 g Rübensirup, 200 g Amarettini (kleine Mandelmakronen), 150 g Marzipanrohmasse, 100 g Walnusskerne, Puderzucker

1. Die Kranbeeren, die Feigen und die Pflaumen grob hacken. Alles zusammen mit dem Weinbrand in einen kleinen Topf geben und erhitzen. Wieder von der Hitze nehmen und mindestens 1 Stunde ziehen lassen.
2. Die Kuvertüre hacken und über einem heißen Wasserbad schmelzen lassen. Von der Hitze nehmen und den Rübensirup unterrühren. Leicht abkühlen lassen.
3. Die Amarettini in einen Gefrierbeutel geben und mit dem Nudelholz in grobe Stücke brechen. Die Marzipanrohmasse klein würfeln und die Nüsse grob hacken. Die Kekse mit dem Marzipan, den Nüssen und den eingelegten Früchten unter die Schokoladen-Sirup-Masse heben. Danach abkühlen lassen, bis ein formbarer Teig entstanden ist.
4. Den Teig in 3–4 gleich große Stücke teilen. Portionsweise auf ein Backpapier setzen und mit Hilfe des Papiers zu Rollen formen. Anschließend zum völligen Erstarren im Papier mindestens 2 Stunden in den Kühlschrank stellen.
5. Die Rollen herausnehmen und auspacken. Vor dem Servieren in Puderzucker wälzen und in Scheiben schneiden. Zum Aufbewahren oder Verschenken in Cellophan wickeln und die Enden mit Garn binden.

Zubereitungszeit: 30 Minuten; Ruhezeit: 3 Stunden

GRUNDZUBEREITUNG

Trüffel

An die delikate Praline trauen sich oft nur versierte Zuckerbäcker ran. Dabei ist es gar nicht so schwer, Trüffel selber zu machen. Eines sollte man aber unbedingt mitbringen: genügend Zeit. Denn die Schokolade braucht zwischendurch immer wieder Zeit, um fest zu werden. Neulinge können die Trüffel erst einmal in Kugelform herstellen. Dabei wird die Schokoladenmasse lediglich gerollt und mit Kakaopulver bestäubt. Geübtere wagen sich an die Spritztülle, um schön geformte Pralinen zu kreieren. Die Kombination der cremigen Schokolade mit Orange schmeckt unwiderstehlich gut und gibt der kleinen Sünde die fruchtige Note. Im Kühlschrank halten sich die Pralinen circa eine Woche.

ORANGENTRÜFFEL MIT KAKAOPULVER

Zutaten für circa 30–40 Stück

500 g dunkle Kuvertüre, 75 ml Sahne, 1 unbehandelte Orange, 5–6 Tropfen Orangenöl (Apotheke), 2 cl Orangenlikör, 60 g weiche Butter, Kakaopulver zum Wälzen

1. Die Kuvertüre fein hacken und 200 g in eine Schüssel geben. Die Sahne einmal aufkochen, vom Herd nehmen und zur Kuvertüre gießen. Etwa 1 Minute warten, dann zu einer glatten Masse verrühren.
2. Die Orange heiß abwaschen, abtrocknen und die Schale fein abreiben. Mit dem Orangenöl und dem Likör unter die Schoko-Sahne rühren. Abdecken und circa 6 Stunden fest werden lassen.
3. Die Butter dazugeben und alles mit den Schneebesen des Handrührgeräts zu einer luftigen Masse aufschlagen. In einen Spritzbeutel mit kleiner Lochtülle (ca. 12 mm) füllen und kleine Kugeln auf Backpapier spritzen. Etwa 3 Stunden fest werden lassen.
4. Die übrige Schokolade über einem heißen Wasserbad schmelzen und etwas abkühlen lassen. Die Pralinen mit der Schokolade überziehen und sofort in Kakaopulver wälzen.

Zubereitungszeit: 60 Minuten; Ruhezeit: 9 Stunden

1 Die Creme für die Füllung schön luftig aufschlagen – das macht später den zarten Schmelz der Pralinen aus. 2 Die Kugeln werden mit der übrigen Schokolade überzogen und in Kakaopulver gewälzt. 3 Mit der Spritz- statt der Lochtülle lassen sich besonders formschöne Pralinen herstellen

KAFFEE-NOUGATTÖPFCHEN

Zutaten für circa 60 Stück

75 g Baiser, 600 g dunkles Mandelnougat, 2–3 TL fein gemahlenes Kaffeepulver, 1 cl Kaffeelikör

1. Die Baisers in einen Gefrierbeutel geben und mit dem Nudelholz grob zerbröseln. Den Nougat klein würfeln. Die Hälfte davon über einem heißen Wasserbad schmelzen lassen.
2. Von der Hitze nehmen, das übrige Nougat zugeben und zu einer cremigen, glatten Masse verrühren. Das Kaffeepulver und den Likör unterrühren. Die Masse in Eiskonfekt-Hülsen füllen, mit den Baiser-Krümeln bestreuen und fest werden lassen.
Zubereitungszeit: 25 Minuten

WALNUSS-APRIKOSEN-KUGELN

Zutaten für circa 45 Stück

125 g getrocknete Aprikosen, 175 g Marzipanrohmasse, 1 Prise gemahlener Kardamom, 2 cl Rum, circa 200 g Walnusskerne, 225 g Zartbitterkuvertüre

1. Die Aprikosen klein hacken. Das Marzipan mit Kardamom, dem Rum und den Aprikosen verkneten. Kleine Portionen abnehmen und zu Kugeln formen. Jede Kugel zwischen zwei Walnusshälften legen und leicht zusammendrücken.
2. Die Schokolade hacken und über einem heißen Wasserbad schmelzen lassen, anschließend wieder etwas abkühlen lassen.
3. Die Pralinen zur Hälfte in die Schokolade tauchen und auf einem Backpapier trocknen lassen.
Zubereitungszeit: 30 Minuten

MARZIPANSCHNECKEN

Zutaten für circa 60 Stück

600 g Marzipanrohmasse, 20 g Kakaopulver, 3 EL Orangensaft, Puderzucker zum Arbeiten, 2 EL Orangenmarmelade, 200 g Zartbitterkuvertüre, kandierte Orangenzesten

1. Die Hälfte vom Marzipan mit dem Kakao und Orangensaft verkneten. Das übrige Marzipan auf einer mit Puderzucker bestäubten Fläche zu einem circa ½ cm dicken Rechteck ausrollen. Das Schokoladenmarzipan ebenso zu einem dünnen Rechteck der gleichen Größe ausrollen und dünn mit der Marmelade bestreichen. Die helle Marzipanplatte auflegen und von Längsseite her eng einrollen. In Frischhaltefolie gewickelt circa 30 Minuten in den Kühlschrank legen.

2. Inzwischen die Schokolade hacken und über einem heißen Wasserbad schmelzen lassen.

3. Die Marzipanrolle in circa 7 mm dünne Scheiben schneiden. Mit einer Hälfte in die Schokolade tauchen. Auf ein Backpapier legen, mit Orangenzesten bestreuen und fest werden lassen.

Zubereitungszeit: 45 Minuten
Kühlzeit: 30 Minuten

Ihr *Land*IDEE-Tipp

Für die Zesten die Schale einer Bio-Orange in dünne Streifen schneiden. Eine Woche lang täglich in Zuckersirup aufkochen. Die Pralinen halten im Kühlschrank circa 1 Woche.

RUMKUGELN

Zutaten für circa 40–50 Stück

300 g Zartbitterkuvertüre, 125 ml Sahne, 5 cl Rum, 125 g gemahlene Mandeln, Zucker zum Wälzen

1. Die Kuvertüre klein hacken und in eine Schüssel geben. Die Sahne einmal aufkochen lassen, zur Kuvertüre geben und glatt verrühren. Den Rum und die Mandeln dazugeben und unterrühren. Die Pralinenmasse circa 2 Stunden abgedeckt in den Kühlschrank stellen.
2. Anschließend mit einem Teelöffel kleine Portionen abstechen und zu Kugeln rollen (am besten mit sehr kalten Händen). Etwas Zucker auf einen Teller streuen und die Rumkugeln darin rundherum wälzen.

Zubereitungszeit: 40 Minuten
Kühlzeit: 2 Stunden

Ihr *Land*IDEE-Tipp

Hier am besten braunen Rum verwenden, der leicht süßlich schmeckt. Wer mag, kann die Rumkugeln auch in Schokostreuseln, Kokosflocken oder gemahlenen Mandeln wälzen.

KARAMELL-BAISERS MIT MEERSALZ

Zutaten für circa 20 Stück

4 Eiweiß, 1 Prise Salz, 80 g Zucker, 1 EL Vanillezucker, 80 g Puderzucker, 1 TL Speisestärke, 1 TL Essig, 20 g brauner Rohrzucker, circa 80 ml dickflüssige Karamellsoße, Fleur de Sel zum Bestreuen

1. Den Backofen auf 100 Grad Umluft vorheizen. Ein Backblech mit Backpapier belegen. Die Eiweiße mit dem Salz mit den Schneebesen des Handrührgeräts steif schlagen. Den Zucker und Vanillezucker mischen und unter ständigem Schlagen zum Eischnee rieseln lassen. Weitere circa 3 Minuten schlagen, dann den Puderzucker mit der Stärke dazusieben und gut unterrühren. Den Essig unterquirlen und zuletzt den braunen Zucker nur kurz einrühren.

2. Den Eischnee in einen Spritzbeutel mit kleiner Lochtülle füllen und etwa 40 kleine Baisers auf das Backblech spritzen. Im vorgeheizten Ofen etwa 1 Stunde backen. Die Baisers sollten dabei fest werden, aber ihre helle Farbe behalten. Anschließend vom Blech nehmen und auf einem Kuchengitter erkalten lassen.

3. Die Hälfte der Baisers an der Unterseite mit der der Karamellcreme bestreichen, mit etwas Fleur de Sel bestreuen und ein zweites Baiser aufsetzen. Zum Servieren nach Belieben in Pralinenförmchen anrichten.

Zubereitungszeit: 40 Minuten
Backzeit: 60 Minuten

Dominosteine

1

2

3

Woher haben die Dominosteine wohl ihren Namen? Auf diese Frage gibt es leider keine eindeutige Antwort. Sicher ist nur, dass die köstliche Leckerei vom Dresdner Feinbäcker und Konditormeister Hubert Wendler bereits im Jahr 1936 erfunden und hergestellt wurde. Am Anfang sprach man, wohl auf der Grund der Form, noch von „Quadern", aber offensichtlich war diese Bezeichnung zu sperrig. Man erzählt sich, dass Kinder in den Laden kamen und nach dem Gebäck, dass so aussieht wie ein „Dominostein", verlangten. Seither war der Siegeszug dieser geschichteten Praline nicht mehr aufzuhalten.

Dominosteine

Zutaten für circa 50 Stück

Für den Teig: **40 g Honig, 50 g brauner Zucker, 20 g Butter, 1 Ei, 150 g Mehl, 1 Msp. Pottasche, 1 Msp. Hirschhornsalz, 1 EL Rum, 1 TL Lebkuchengewürz**
Für die Füllung und die Glasur: **4 Blatt Gelatine, 400 g Gelee (z. B. Himbeere, Kirsch, Quitte oder Orange), 400 g Marzipanrohmasse, Puderzucker zum Arbeiten, 400 g Zartbitterkuvertüre**

1. Honig, Zucker und Butter erhitzen und rühren, bis eine gleichmäßige Masse entstanden ist. Etwas abkühlen lassen. Das Ei und das Mehl zugeben. Die Pottasche und das Hirschhornsalz in Rum auflösen und mit dem Lebkuchengewürz unter die Masse rühren.
2. Den Ofen auf 160 Grad Umluft vorheizen. Eine Backform (ca. 12 x 20 cm) mit Backpapier auslegen. Den Teig einfüllen und glatt streichen. Im vorgeheizten Ofen circa 15 Minuten backen. Auskühlen lassen und aus der Form lösen.
3. Gelatine in kaltem Wasser einweichen. Das Gelee in einem Topf erwärmen. Die Gelatine bei geringer Hitze in einem anderen Topf zerlassen, mit 1 EL des Gelees vermischen und unter das Gelee rühren. In eine Schüssel füllen und im Kühlschrank circa 20 Minuten kalt stellen.
4. Den Kuchenboden mit einem Rand in passender Größe umstellen und mit dem Gelee bestreichen. Die Marzipanrohmasse auf einer mit Puderzucker bestäubten Fläche in Größe des Bodens ausrollen. Zurechtschneiden und auf die Geleeschicht geben. Gut andrücken, in den Kühlschrank stellen und über Nacht durchziehen lassen.
5. Die Kuvertüre hacken und über dem Wasserbad schmelzen. Den Rand entfernen und die Kuchenplatte in 2–3 cm große Würfel schneiden. Die Würfel mit einer Pralinengabel in die Kuvertüre tauchen und auf einem Backpapier fest werden lassen.

Zubereitungszeit: 90 Minuten
Backzeit: 15 Minuten
Kühlzeit: 12 Stunden

1 Teig 15 Minuten backen, auskühlen lassen und Stücke ausschneiden.
2 Das Gelee mit der Gelatine vermischen und 20 Minuten kalt stellen.
3 Die Rohmasse des Marzipans ausrollen und dann zurechtschneiden

NOUGAT MIT PISTAZIEN UND MANDELN

Zutaten für circa 40 Stück

200 g Zucker, 100 g Glukosesirup, 150 g Honig, 2 Eiweiß, 100 g Mandelkerne geschält, 100 g Pistazienkerne

1. Den Zucker mit dem Glukosesirup, 120 ml Wasser und dem Honig unter Rühren erhitzen, bis sich der Zucker gelöst hat, dabei nicht kochen lassen. Danach zügig auf circa 140 Grad (Zuckerthermometer) erhitzen.
2. Ein kleines Backblech (circa 20 x 30 cm) mit Backpapier auslegen. Die Eiweiße in der Küchenmaschine steif schlagen. Nach und nach den heißen Zuckersirup zugießen. Circa 15 Minuten weiterschlagen, bis die cremige Masse abgekühlt ist. Die Mandeln und die Pistazien untermischen.
3. Die Masse in der Form verteilen. Über Nacht fest werden lassen, dann in Würfel schneiden.

Zubereitungszeit: 30 Minuten
Ruhezeit: 12 Stunden

WEISSE LIMETTENTRÜFFEL

Zutaten für circa 40–50 Stück

4–5 Limetten (davon 1 unbehandelt), 650 g weiße Kuvertüre, 80 g weiche Butter, circa 250 g Puderzucker

1. Die unbehandelte Limette heiß waschen, abtrocknen und die Schale abreiben. Alle Limetten auspressen und 120 ml Saft abmessen. Den Limettenabrieb einrühren. 300 g Kuvertüre klein hacken und in eine Schüssel geben.
2. Den Limettensaft in einem Topf erhitzen, über die Kuvertüre gießen und zu einer glatten Masse verrühren. Abdecken und circa 6 Stunden fest werden lassen.
3. Anschließend mit den Schneebesen des Handrührgeräts zu einer luftigen Masse aufschlagen. Die Butter in einer weiteren Schüssel schaumig quirlen. Die Schoko-Limetten-Masse nach und nach dazugeben und unterrühren. Die Masse in einen Spritzbeutel mit Lochtülle (circa 12 mm) füllen und kleine Kugeln auf ein Backpapier spritzen. Etwa 3 Stunden fest werden lassen.
4. Die übrige Kuvertüre hacken und über einem heißen Wasserbad schmelzen lassen. Wieder etwas abkühlen lassen und die Pralinen durch die Schokolade ziehen. Anschließend sofort im Puderzucker wälzen und auf Backpapier fest werden lassen.

Zubereitungszeit: 60 Minuten
Ruhezeit: 9 Stunden

Ihr *Land*IDEE-Tipp

Für die unregelmäßige Struktur der Trüffel die Kuvertüre kurz antrocknen lassen, dann mit einer Gabel über das Kuchengitter rollen. Die Pralinen sind gekühlt circa 1 Woche haltbar.

KONFEKT MIT CORNFLAKES, ROSINEN & SCHOKOLADE

Zutaten für circa 500 g Konfekt

50 g Mandelkerne, 40 g kandierte Ananas, 40 g Rosinen, 180 g Vollmilchkuvertüre, 220 g Cornflakes (ungesüßt)

1. Die Mandelkerne mit kochendem Wasser überbrühen, abgießen, abschrecken und noch warm die Kerne aus den Häuten drücken. Auf einem Küchentuch ausbreiten und mindestens 1 Stunde an einem warmen Ort trocknen lassen.

2. Den Backofen auf 40 Grad Umluft anwärmen. Ein Backblech mit Backpapier auslegen. Die Ananas und Rosinen klein hacken. Die Mandeln ebenfalls klein hacken und mit den Früchten vermischen. Alles auf dem Backblech verteilen und die Mischung circa 10 Minuten im angewärmten Ofen aufheizen lassen.

3. Die Kuvertüre hacken und über einem heißen Wasserbad schmelzen lassen. Vom Herd nehmen, die Nuss-Früchte-Mischung und die Cornflakes zugeben und gut vermischen. Die Masse mit zwei kleinen Löffeln portionsweise auf Backpapier setzen. Etwa 4 Stunden trocknen lassen.

Zubereitungszeit: 45 Minuten
Trockenzeit: 4 Stunden
Aufwärmzeit: 10 Minuten

Ihr *Land*IDEE-Tipp

Wer gleich mehr Mandeln enthäuten will, kann die blanchierten Kerne in ein Geschirrtuch legen und sie darin durchrubbeln. Luftdicht verpackt hält das Konfekt 2 Wochen.

MANDELSPLITTER

Zutaten für circa 50 Stück vegan

250 g gestiftelte Mandeln, 250 g Zartbitterkuvertüre, 10 g Kokosfett

1. Die Mandeln in einer Pfanne ohne Fett duftend rösten. Herausnehmen und abkühlen lassen.
2. Die Kuvertüre grob hacken und mit dem Kokosfett in einer Schüssel über einem heißen Wasserbad schmelzen.
3. Die Mandeln unterrühren, mit einem Teelöffel kleine Portionen abnehmen und auf Backpapier setzen. Abkühlen und aushärten lassen.

Zubereitungszeit: 20 Minuten
Abkühlzeit: 60 Minuten

SCHOKODATTELN MIT NUSSFÜLLUNG vegan

Zutaten für circa 25 Stück

40 g Walnusskerne, 80 g Marzipanrohmasse, 1 EL Orangenlikör (oder Orangensaft), 25 getrocknete Datteln, 100 g Zartbitterkuvertüre

1. Die Walnüsse grob hacken. Die Marzipanrohmasse mit einer Gabel fein zerdrücken und mit dem Orangenlikör oder dem Saft überträufeln. Die Walnüsse dazugeben und untermischen.
2. Die Datteln einschneiden und entkernen. Mit der Walnuss-Marzipan-Masse füllen.
3. Die Kuvertüre grob hacken, in eine Schüssel geben und über einem heißen Wasserbad schmelzen lassen. Die Datteln zur Hälfte eintauchen und abtropfen lassen. Auf ein Backpapier legen und trocknen lassen.

Zubereitungszeit: 15 Minuten

ORANGENNOUGAT MIT MANDELBLÄTTCHEN

Zutaten für 1 eckige Form, circa 20 x 30 cm

100 g Mandelblättchen, 150 g Vollmilchkuvertüre, 100 g Zartbitterkuvertüre, 75 g Nussnougat, 3 cl Orangenlikör (oder Orangensaft), 75 g weiße Kuvertüre

1. Die Form mit Frischhaltefolie überlappend auslegen. Die Mandeln in einer heißen Pfanne ohne Fett goldbraun und duftend rösten. Herausnehmen und auskühlen lassen.

2. 100 g Vollmilchkuvertüre und die Zartbitterkuvertüre klein hacken. Das Nougat würfeln. Die

beiden Schokoladen und das Nougat über einem heißen Wasserbad schmelzen lassen, dabei ab und zu umrühren, bis eine homogene Masse entstanden ist. Zuletzt den Likör einrühren und die Mandelblättchen unterheben. Die Schokolade in die vorbereitete Form geben, glatt streichen und etwas anziehen lassen.

3. Die weiße Kuvertüre und die übrige Vollmilchkuvertüre klein hacken und ebenfalls im heißen Wasserbad schmelzen lassen. Auf die Mandel-Schokolade gießen und verstreichen. Nach Belieben mit einem kleinen Stäbchen ein Marmormuster einziehen. Die Masse ganz abkühlen und fest werden lassen. Zum Servieren in dünne Scheiben schneiden.

Zubereitungszeit: 30 Minuten

Ihr *Land*IDEE-Tipp

Wer später etwas mehr Biss im schokoladigen Nougat haben will, verwendet einfach gestiftelte Mandeln oder hackt selbst ganze Kerne bis zur gewünschten Größe.

SAHNEKARAMELLBONBONS

Zutaten für circa 40 Stück

100 g Butter, 250 g Zucker, 1 Prise Salz, 2 EL Vanillezucker, 400 ml Sahne

1. Eine eckige Form, circa 15 x 15 cm, mit Backpapier auskleiden. Die Butter in einer heißen Pfanne schmelzen lassen. Den Zucker, Salz und den Vanillezucker zugeben und unter Rühren leicht karamellisieren lassen.

2. Vorsichtig mit der Sahne ablöschen. Unter regelmäßigem Rühren circa 30 Minuten köcheln lassen, bis die Masse dicklich und goldgelb karamellisiert. Zum Testen, ob die Bonbonmasse fest wird, einige Tropfen auf einen kalten Teller träufeln. Wird die Masse fest, ist sie fertig, ansonsten noch etwas länger köcheln lassen. Danach in die vorbereitete Form füllen und auskühlen lassen.

3. Die Masse aus der Form lösen und in kleine, rechteckige Stücke schneiden. Die Bonbons nach Belieben in Papier verpackt verschenken.

Zubereitungszeit: 10 Minuten
Garzeit: 35 Minuten

GUT ZU WISSEN

Was fürs Auge: Hübsche Verpackungen

Wenn man in der Adventszeit mit viel Mühe süße Geschenke aus der Küche zubereitet, ist das für die Beschenkten eine liebe Geste. Gestaltet man mit einfachen Mitteln auch eine schöne Verpackung dafür, ist die Freude noch größer. Als weihnachtlicher Anhänger um einen Flaschenhals gebunden, sendet der gefaltete Papierengel adventliche Grüße. 2 Papierbögen der Größe 10 x 15 cm an der Längsseite entlang zur Ziehharmonika falten. Die beiden Papiere an einer Kante in den unteren zwei Dritteln zusammenkleben. Am oberen Ende das Band herumbinden. Das obere Drittel links und rechts nach unten klappen und mit der unteren Fläche am Kleidchen festkleben. Auf das Band noch eine Perle aufziehen.

Ob rund oder eckig – Plätzchen und Konfekt kann man nicht nur in Schachteln, sondern auch als Bonbons verschenken. Die Naschereien in winterliches Dekopapier hüllen, dann durchsichtiges Cellophan darumwickeln und die Enden mit einem passenden Satinband zusammenfassen. Eine solche Borte sieht auch immer schön aus, wenn man sie um ein einfaches Deko- oder Weckglas bindet, in dem man dann die selbst gemachten Leckereien gleich überreichen kann.

INDIVIDUELLE ANHÄNGER

Will man Anhänger für Geschenke einmal nicht aus Papier gestalten, kann man sich im Bastelladen weiße Modelliermasse besorgen. Mit Plätzchenformen sticht man daraus hübsche Figuren aus. Verziert mit Spitze, mit der man einen Abdruck in die Masse macht, werden sie besonders dekorativ.

Auch das Konfekt selbst lässt sich noch aufhübschen. Für zierliche Motive auf Plätzchen oder Pralinen greift man entweder zu Kuvertüre. Oder man rührt einen schneeweißen Zuckerguss an: 1 Eiweiß schaumig (nicht steif) aufschlagen, 250 g Puderzucker langsam und unter Rühren dazusieben. Falls nötig, den Guss mit etwas Wasser verdünnen. Abgefüllt in einen Spritzbeutel mit dünner Tülle, kann man die kunstvollsten Motive damit verwirklichen.

Selbst gemachte Dominosteine bringen als Geschenk noch mehr Freude, wenn sie hübsch winterlich verziert sind. Die filigranen Flocken malt man entweder mit heller Kuvertüre oder weißem Zuckerguss auf

Engel sind klassische Weihnachtssymbole. Aus Papier gefaltet, dekorieren sie zum Beispiel Flaschen

Runde Plätzchen oder unsere Schokorolle (S. 85) bringen Freude als weihnachtliche Bonbons

In Gläsern sieht der Beschenkte die Leckereien gleich. Als Verzierung dienen Dekobänder

Hübsche Anhänger kann man zum Beispiel aus weißer Modelliermasse gestalten

LandIDEE
September & Oktober 2015 | Nr. 6 | 3,80 €
111 TIPPS FÜR
den Herbst
LandIDEE
LAND ERLEBEN UND GENIESSEN
LANDAPOTHEKE
Heilen mit
Beifuß
KREATIVE HERBSTIDEEN:
Präriegarten
Stockrosen
Buchweizen
Glückspilze
Laternen
Farbenfroh
in die
Erntezeit
KUSCHELIGE DECKEN AUS WALKSTOFFEN
LandIDEE
HERBST-LIEBLING:
Kürbis
Deko & Genuss
Kreative Ideen für Ihre Küche, im Garten, und als Geschenk
Jetzt kaufen,
erleben und
genießen!
LandIDEE
LandAPOTHEKE
HEILEN UND PFLEGEN NACH ALTER TRADITION
Reiseapotheke
aus der Natur
Heilende
Hecken
Alte Hausmittel
mit Früchten,
Blättern & Rinden

Festliche Speisen

Zu Weihnachten kommt die ganze Familie zusammen. Natürlich will man da etwas Besonderes servieren. Unsere drei Menüs – klassisch, raffiniert oder vegetarisch – machen alle am Tisch satt und zufrieden.

WEIHNACHTS-MENÜS

Große Freude

FESTLICHE GERICHTE FÜR DIE SCHÖNSTE ZEIT IM JAHR

Während der saftige Braten im Ofen brät und die Klöße im heißen Wasser garen, bereiten wir voller Vorfreude noch einige Beilagen sowie die Vorspeise zu. Hier und da schmecken wir ab und probieren dann wieder, bis wir mit dem Ergebnis zufrieden sind. Wenn alle mithelfen, steht das weihnachtliche Menü im Nu auf dem Tisch. Bis die Gans aus dem Ofen kommt, haben wir noch ein wenig Zeit, um gemeinsam den Tisch zu dekorieren. Denn nicht nur die Speisen sollen die Gäste in Staunen versetzen, sondern auch die festlich geschmückte Tafel.

Viele Familien essen an einem der Weihnachtsfeiertage Gänsebraten. Doch sehr viel wichtiger als jedes Essen ist immer das gemeinsame Mahl: Jetzt kommen endlich alle wieder zusammen

FESTMAHL DREIMAL ANDERS

Weihnachten ist die schönste Zeit im Jahr, und das nicht nur wegen der Behaglichkeit des Winters, der Zusammenkunft der Familie und den mit Liebe verpackten Geschenken unter dem Weihnachtsbaum. Es ist auch das Fest, bei dem sich alles um kräftige Aromen dreht, die wir oft nur an den Festtagen im Kreise der Familie genießen. Der Gänsebraten ist ein echter Klassiker der weihnachtlichen Küche und wird traditionell mit Blaukraut und Klößen gegessen. Manche mögen jedoch die Abwechslung und probieren immer wieder neue, raffinierte Rezepte aus. Andere verzichten auch während der Festtage auf Fisch und Fleisch und zaubern dann aus Gemüse die leckersten Speisen. Für alle drei Fälle haben wir ein festliches Menüs zusammengestellt.

Eine festliche Tischdeko darf natürlich auch nicht fehlen. Welche Farben man dafür verwendet, hängt ganz vom Geschmack ab. Während viele auf weihnachtliches Rot und den ein oder anderen Tannenzweig setzen, verleihen Silber und Weiß, die an eine winterliche Schneelandschaft erinnern, der Tafel eine moderne Note. Deko aus Naturmaterialien wie Tannenzapfen, Moos, Sternanis und Zimtstangen zaubert im Nu einen Winterwald auf die Tischdecke. Werden die Speisen dann serviert, ist alles perfekt aufeinander abgestimmt – und man kann gemeinsam das Fest der Freude feiern.

FELDSALAT MIT ORANGEN UND SPECK

Zutaten für 4 Personen

200 g Feldsalat, 100 g gemischter Blattsalat, Lollo Bionda und Rosso, 2 unbehandelte Orangen, 1 EL Honig, 4 EL Apfelessig, 5 EL Pflanzenöl, Salz, Pfeffer aus der Mühle, 150 g Frühstücksspeck

1. Den Feldsalat und die Blattsalate putzen, waschen und trocken schütteln. Die Blätter nach Bedarf kleiner zupfen.

2. Die Orangen heiß waschen, trocken reiben, einige Zesten abziehen und beiseite stellen. Die Orangen mit dem Messer schälen, so dass keine weißen Fruchthäute mehr am Fruchtfleisch haften. Die Filets herausschneiden. Den Saft auffangen und das restliche Fruchtfleisch ausdrücken.

3. Den Saft mit dem Honig, Essig und Öl verrühren. Mit Salz und Pfeffer abschmecken.

4. Den vorbereiteten Salat mit den Orangenfilets und den Zesten auf Tellern anrichten.

5. Den Speck in einer beschichteten Pfanne knusprig braten. Auf Küchenkrepp abtropfen lassen und zum Salat legen. Mit dem Dressing beträufelt servieren.

Zubereitungszeit: 25 Minuten
Bratzeit: 4 Minuten

MARONEN-ORANGEN-SUPPE MIT SCHINKENCHIP UND HONIG

Zutaten für 4 Personen

4 Scheiben luftgetrockneter Schinken, 1 Zwiebel, 150 g Knollensellerie, 100 g Champignons, 1 EL Butter, 200 g gegarte und geschälte Maronen (vakuumverpackt), 2 Orangen (Saft und Abrieb), circa 600 ml Fleischbrühe, 100 ml Sahne, 1–2 EL Orangenlikör, 1 Prise Zimtpulver, Salz, Pfeffer aus der Mühle, 4 TL Honig, 2 TL Nussöl (z. B. Haselnuss oder Walnuss)

1. Den Ofen auf 80 Grad Umluft vorheizen. Den Schinken zwischen zwei Lagen Backpapier legen und im vorgeheizten Ofen 2–3 Minuten mehr trocknen als backen, bis die Scheiben knusprig sind. Vom Blech nehmen und auskühlen lassen.
2. Die Zwiebel und den Sellerie schälen und würfeln. Die Champignons putzen und in Scheiben schneiden. Zusammen mit der Zwiebel in einem heißen Topf in der Butter farblos anschwitzen.
3. Die Maronen kurz mitschwitzen, mit dem Orangensaft und der Brühe ablöschen. Aufkochen und etwa 10 Minuten leise köcheln lassen.
4. Die Sahne angießen, den Orangenabrieb ergänzen und weitere circa 15 Minuten fertig köcheln. Anschließend pürieren und durch ein feines Sieb passieren. Erneut im Topf aufkochen lassen, nach Bedarf noch etwas Brühe ergänzen oder einköcheln lassen. Mit Orangenlikör, Zimt, Salz und Pfeffer abschmecken.
5. Die Suppe auf Suppenschalen verteilen, mit dem Honig und dem Öl beträufeln und mit den Schinkenchips servieren.

Zubereitungszeit: 25 Minuten
Trocken- und Garzeit: 35 Minuten

GEFÜLLTE WEIHNACHTSGANS

Zutaten für 6 Personen

750 g Maroni, ½ l Geflügelfond, 1 Gans (circa 4 ½ kg), Salz, Pfeffer aus der Mühle, 400 g säuerliche Äpfel, 2 Stängel Beifuß

1. Den Ofen auf 180 Grad Umluft vorheizen. Die Maroni kreuzweise einschneiden, auf ein Backblech geben und im vorgeheizten Ofen so lange rösten, bis die Schalen platzen. Abkühlen lassen, schälen und auskühlen lassen.

2. Den Geflügelfond zum Kochen bringen und die Maroni 10 Minuten darin kochen. Abtropfen und abkühlen lassen.

3. Die Gans waschen, trocken tupfen und mit Salz und Pfeffer einreiben. Die Äpfel schälen, das Kerngehäuse entfernen und halbieren. Die Äpfel mit Beifuß und Maroni mischen und zwei Drittel davon in die Gans füllen. Die Öffnung mit Küchengarn zunähen. Die Flügel an den Körper binden und die Schenkel zusammenbinden.

4. Die Gans mit der Brust nach unten in die Fettpfanne (oder einen sehr großen Bräter) des Backofens legen. Mit ¼ Liter kochendem Wasser begießen und im Ofen 4 Stunden braten.

5. Nach 1 Stunde die Gans wenden und die Keulen mehrmals einstechen, damit das Fett heraustropfen kann. Die restliche Füllung um die Gans legen und mitgaren. Immer wieder mit Bratenfond begießen. Nach 3½ Stunden Garzeit mit kaltem Salzwasser bepinseln.

6. Die fertige Gans auf einer vorgewärmten Platte servieren. Den Bratenfond mit heißem Wasser lösen, durchsieben, ggf. mit Wasser auf 400 ml auffüllen. Die Soße mit Salz und Pfeffer abschmecken und nach Belieben binden.

Zubereitungszeit: 30 Minuten
Garzeit: 4 Stunden 30 Minuten

MINI-SEMMELKNÖDEL

Zutaten für 4 Personen

400 g altbackene Brötchen, circa 200 ml warme Milch, 4–5 Stängel Petersilie, 1 Schalotte, 1 EL Butter, 2 Eier, Salz, frisch geriebener Muskat, Pfeffer aus der Mühle

1. Die Brötchen in dünne Scheiben schneiden und in eine Schüssel geben. Die Milch darübergießen und circa 20 Minuten zur Seite stellen.

2. Die Petersilie waschen, trocken schütteln, die Blättchen abzupfen und fein hacken. Die Schalotte schälen, fein würfeln und in heißer Butter glasig anschwitzen. Die Petersilie unterschwenken und beiseitestellen.

3. Die Eier und die Petersilien-Schalotten-Mischung zu den Brötchen geben. Gut vermengen und mit Salz, Muskat und Pfeffer abschmecken.

4. Die Masse in 12 Portionen teilen. Mit feuchten Händen gleichmäßig große, runde Knödel drehen. Einen großen Topf mit Salzwasser aufkochen lassen, die Knödel hineingeben, die Hitze reduzieren und 15–20 Minuten gar ziehen lassen.

Zubereitungszeit: 15 Minuten
Ziehzeit: 20 Minuten; Garzeit: 20 Minuten

APFEL-ROTKOHL

Zutaten für 4 Personen

1 Rotkohl, 2 Äpfel (z. B. Boskop), 50 g Butterschmalz, 1 EL Zucker, 125 ml Rotweinessig, 125 ml trockener Rotwein, 1 Zwiebel, 4 Gewürznelken, ½ Zimtstange, 1 Lorbeerblatt, 1 EL Preiselbeeren (Glas), Salz

1. Vom Kohl die äußeren Blätter entfernen, den Kopf halbieren, den Strunk herausschneiden und die Hälften fein reiben. Die Äpfel waschen, vierteln, das Kerngehäuse entfernen, die Äpfel schälen und in kleine Würfel schneiden.
2. Das Butterschmalz in einem Topf erhitzen, die Äpfel dazugeben, mit Zucker bestreuen und karamellisieren lassen. Den Rotkohl dazugeben und andünsten. Mit Essig und Wein ablöschen.
3. Die Zwiebel schälen, mit Nelken spicken und zusammen mit der Zimtstange sowie dem Lorbeerblatt dazugeben. Zugedeckt bei schwacher Hitze circa 40 Minuten weich schmoren lassen. Mit Preiselbeeren und Salz abschmecken. Die Gewürze mit der gespickten Zwiebel entfernen.

Zubereitungszeit: 20 Minuten
Garzeit: 45 Minuten

HOLUNDERBIRNEN …

Zutaten für 4 Personen

150 g Zucker, 500 ml Rotwein, 200 ml roter Portwein, 300 ml Holunderbeersaft, 4 reife Birnen à circa 220 g, 200 g schwarzes Johannisbeergelee, 2 Sternanis, 2 EL Speisestärke

1. Den Zucker in einem kleinen Topf bei mittlerer Hitze hellbraun karamellisieren. Mit dem Rotwein, dem Portwein und dem Holunderbeersaft ablöschen.
2. Die Birnen waschen und schälen. Die Birnenschalen in den Sud geben und alles unter Rühren aufkochen, bis sich der Zucker gelöst hat. Die Birnen hineingeben und circa 10 Minuten bei kleiner Hitze köcheln lassen, sodass die Früchte noch bissfest sind.
3. Die Birnen vorsichtig aus dem Sud nehmen und beiseitestellen. Den Sud durch ein feines Sieb in einen schmalen, hohen Topf gießen (die 4 Birnen sollen stehend in den Topf passen). Johannisbeergelee im Holunderbeersud auflösen, Sternanis zugeben.
4. Alles aufkochen und mit der in wenig kaltem Wasser gelösten Stärke binden. Die vorbereiteten Birnen in den Topf stellen (sie sollen gerade eben bedeckt sein) und 6 Stunden im Holunderbeersud ziehen lassen.

Zubereitungszeit: 30 Minuten
Ziehzeit: 6 Stunden

Ihr *Land*IDEE-Tipp

Alternativ kann man auch Zimtbirnen zum Schokomousse servieren: Dafür ½ Liter Weißwein mit 3 EL Zucker, 1 Zimtstange, je 1 Msp. Muskat und Pfeffer und einem Stück Schale einer unbehandelten Zitrone aufkochen. Die geschälten und entkernten Birnen zum Wein geben, etwa 20 Minuten weich kochen. Zwischendurch wenden. Herausnehmen und mit dem Schokomousse anrichten.

… MIT SCHOKO-MOUSSE

Zutaten für 4 Personen

125 g Zartbitterkuvertüre, 1 Ei, 1–2 EL Zucker, 2 EL Rum, 300 g Sahne, Schokoladenspäne zum Verzieren

1. Die Kuvertüre hacken und in einer Schüssel im warmen Wasserbad schmelzen.
2. Das Ei mit 1 EL Wasser und dem Zucker in einer Rührschüssel über einem heißen Wasserbad mit dem Schneebesen schaumig aufschlagen. Die geschmolzene Kuvertüre unterrühren und den Rum unterziehen. Beiseitestellen und circa 10 Minuten abkühlen lassen.
3. Die Sahne halbsteif schlagen und unterheben. Die Mousse in eine Schüssel füllen und 4 Stunden zugedeckt kalt stellen.
4. Zum Servieren mit einem Löffel Nocken von der Mousse abstechen und mit den Holunderbirnen und wenig Saft anrichten. Mit Schokoladenspänen verzieren.

Zubereitungszeit: 30 Minuten
Kühlzeit: 4 Stunden

Passend zum Fest der Liebe erstrahlt unsere Festtafel in warmem Rot. Ein Hauch von Weiß, der uns an das wilde Treiben der Schneeflocken vor der Tür erinnert, ergänzt die weihnachtliche Festtafel, auf der wir mit Streifen Akzente setzen. Romantische Blüten stimmen uns ein auf die besinnliche Zeit im Kreis unserer Familie und Freunde.

Romantisches Festmahl

Weihnachtliches Blumengesteck: Stoff-Rosen und Tannenzweige

Im Winter, wenn der Garten unter einer dicken Schneedecke ruht, sind Blüten seltene Gäste auf unserer Tafel. Deswegen machen wir sie einfach selbst. Dafür 20 etwa 15 Zentimeter lange Stoffstreifen zu Rosen aufwickeln, mit einem langen Draht die Enden befestigen und jeweils einen Stiel formen. Steckschwamm zuschneiden, in eine Glasschale füllen und die Rosen hineinstecken. Dazwischen ein paar Tannenzweige anordnen. Aus festem Stoff oder Fotokarton einen Ring ausschneiden, der die gesamte Schale verdeckt, und an den Enden jeweils drei Löcher anbringen. Den Ring fest um die Schale legen und mit Musterklammern befestigen.

▶

Dekoration mit Karton: Serviettenhalter zum Schnüren

Fest verschnürt in einer dekorativen Manschette, wartet die Serviette auf ihren Einsatz, wenn beim Festmahl der ein oder andere Bissen danebengeht. Aus einem gestreiften oder auch einfarbigen Fotokarton einen etwa sieben Zentimeter breiten Streifen ausschneiden und an den Enden drei Löcher im Abstand von jeweils ein bis zwei Zentimetern ausstanzen. Ein hübsches Geschenkband in der richtigen Länge abschneiden und über Kreuz in die Löcher des Serviettenhalters einfädeln. Eine lockere Schleife binden und eine frische rote Rose hineinstecken.

Für die Gäste: Geschenkbox und Kerzenschein

Ein **Gastgeschenk (1)** mit einer selbst gemachten Praline erfreut Familie und Freunde und ist im Handumdrehen fertig. Eine kleine Schachtel mit Stoffresten bekleben und am Deckel breites Geschenkband anbringen. Ein Anhänger mit Namensschildchen und eine Quasten-Kordel runden alles ab.

Auf dem Kaminsims tummeln sich **Kerzen (2)**, die wohlige Wärme in den Raum strahlen. Rotes und weißes Wachs aus dem Bastelladen mit einem Nudelholz ausrollen, in feine Streifen schneiden und das Muster auf den Kerzen anbringen.

Verzierte Teelichter

Im Winter spendet uns eine Kerze Licht in der Dunkelheit und lässt das Haus in warmen Farben erstrahlen. Auf dem Tisch zeigt sie uns die schmackhaften Speisen, die wir den Tag über zubereitet haben. Ein Teelicht im Plastikbehälter wird von außen mit Geschenkband beklebt und anschließend in einen festlichen Teelichthalter gestellt. Abgestimmt auf die Farbe des Geschenkbands, daneben ein paar verschiedenfarbige Christbaumkugeln anordnen.

1

2

GEBEIZTER LACHS MIT ZITRONEN-INGWER-SOSSE

Zutaten für 4–6 Personen

Circa 600 g frisches Lachsfilet vom Mittelstück mit Haut, 1 Chili, 2 EL frischer geriebener Ingwer, 2 EL Abrieb einer unbehandelten Zitrone, 6 EL frisch gehackter Dill, 3 EL rote Pfefferkörner, 150 g grobes Meersalz, 75 g Zucker, Zitronenscheiben zum Garnieren

1. Den Lachs abwaschen, trocken tupfen und gegebenenfalls noch vorhandene Gräten mit einer Pinzette herauslösen.
2. Die Chili abbrausen, nach Belieben entkernen und fein hacken. Die Chili mit dem Ingwer, dem Zitronenabrieb, dem Dill, den Pfefferkörnern, Salz und Zucker vermischen.
3. Die Hälfte der Beizmischung auf den Boden einer passenden flachen Form geben. Den Lachs mit der Hautseite nach unten auflegen und mit der restlichen Mischung bedecken. Mit Folie abdecken und für 1–2 Tage in den Kühlschrank stellen. Zwischendurch die Lachsseite gelegentlich wenden.
4. Den Lachs aus der Beize nehmen und die Beize mit einem Esslöffel leicht von der Oberfläche entfernen. Den Lachs auf einer Platte anrichten, mit Zitronenscheiben garnieren und servieren.
Zubereitungszeit: 20 Minuten
Beizen: 48 Stunden

Ihr *Land*IDEE-Tipp

Noch besser zieht die Beize ein, wenn man das Filet beschwert, zum Beispiel mit einem Holzbrett. Ebenfalls lecker ist die Alternative: Orangen-Wacholder-Beize (siehe unten).

ORANGEN-WACHOLDER-BEIZE

Zutaten: **10 Wacholderbeeren, 4 Pfefferkörner, 1 Bio-Orange, 1 Zitrone, je 1 Bund Dill und Petersilie, 4 EL grobes Meersalz, 3 EL Zucker**

1. Wacholderbeeren und Pfefferkörner leicht anmörsern. Von der Orange Zesten ziehen, dann in Scheiben schneiden, ebenso die Zitrone. Dill und Petersilie waschen, trocknen und grob hacken.
2. Gewürze, Kräuter und Orangenzesten mit Salz und Zucker mischen. Zum Beizen wie oben verfahren, Fisch mit Zitrusscheiben belegen.
Zubereitungszeit: 10 Minuten

MEERRETTICH-SOSSE

Zutaten: **3 EL frisch geriebener Meerrettich, 3 EL Crème fraîche, 2 EL süße Sahne, Saft einer halben Zitrone, Zucker, Salz**

1. Den frischen Meerrettich mit der Crème fraîche und der süßen Sahne verrühren.
2. Die Mischung mit dem Zitronensaft und je einer Prise Zucker und Salz abschmecken.
3. Die Soße kann man zu verschiedenen Varianten von gebeiztem oder geräuchertem Lachs reichen.
Zubereitungszeit: 10 Minuten

LAMMKARREE MIT GEMÜSE

Zutaten für 4 Personen

Für das Lamm: 2 TL Koriandersamen, 2 TL Kreuzkümmelsamen, 2 TL Pfefferkörner, 1 TL Kurkuma, 1 Prise Chili, Salz, 100 g Bulgur, 2 Lammkarrees à circa 500 g (küchenfertig), Salz, 2 EL Olivenöl

Für die Kartoffeln: 600 g kleine Kartoffeln (vorwiegend festkochend), Salz, 1 Handvoll gemischte Petersilie, 30 g Butter, 1 frisches Lorbeerblatt, Pfeffer aus der Mühle

Für das Gemüse: 2 rote Zwiebeln, 1 Zucchini, 2 Paprikaschoten (rot und gelb), 200 g Kirschtomaten, 2 EL Olivenöl, 2 EL gehackte Petersilie, Salz, Pfeffer aus der Mühle

1. Den Koriander, Kreuzkümmel und Pfeffer im Mörser fein zerstoßen. Etwa 1 TL der Würzmischung mit Kurkuma und Chili vermischen.

2. Für den Bulgur 200 ml Salzwasser zum Kochen bringen, Bulgur mit der Kurkuma-Gewürzmischung einstreuen und circa 10 Minuten bei kleiner Hitze ausquellen lassen. Anschließend im offenen Topf etwas abkühlen lassen.

3. Den Ofen auf 100 Grad Unter- und Oberhitze vorheizen. Die Lammkarees abbrausen und trocken tupfen. Mit Salz und der übrigen Gewürzmischung einreiben. In einer heißen Pfanne im Öl rundum kurz anbraten. Ein Karree auf die Arbeitsfläche legen. Den Bulgur darauf verteilen, zweites Karree auflegen und mit Küchengarn fixieren. Auf ein Backblech mit Backpapier setzen und im vorgeheizten Ofen circa 1 Stunde rosa garen.

4. Die Kartoffeln gründlich waschen und in Salzwasser circa 20 Minuten gar kochen.

5. Die Zwiebeln schälen und in Spalten schneiden. Die Zucchini waschen, putzen und in Scheiben schneiden. Die Paprika waschen, putzen und in Stückchen schneiden. Die Tomaten waschen und putzen. Das Gemüse (bis auf die Tomaten)

im heißen Öl in einer Pfanne 5–7 Minuten leicht weich braten. Die Tomaten und Petersilie untermischen, mit Salz und Pfeffer würzen und abschmecken. Bis zum Servieren zum Lamm in den Ofen schieben.

6. Für die Kartoffeln die Petersilie waschen, trocken schütteln und die Blätter fein hacken. Die fertigen Kartoffeln abgießen und ausdampfen lassen. Die Butter in einer Pfanne schmelzen und die Kartoffeln darin zusammen mit der Petersilie und dem Lorbeerblatt schwenken. Mit Salz und Pfeffer würzen.

7. Das Lamm mit dem Gemüse anrichten und dazu die Kartoffeln reichen.

Zubereitungszeit: 50 Minuten
Garzeit: 1 Stunden 10 Minuten

FISCH IM SPECKMANTEL

Zutaten für 4 Personen

Für den Fisch: **800 g Seeteufelschwanz (küchenfertig), Pfeffer aus der Mühle, 4 EL frisch gehackte Kräuter (z. B. Thymian, Basilikum, Oregano), circa 100 g Frühstücksspeck, Salz, Pfeffer aus der Mühle, 50–100 ml Fischfond, 50 ml Sahne**

Für den Spinat: **500 g Blattspinat, ½ Zwiebel, ½ Knoblauchzehe, 2–3 EL Butter, Salz, Pfeffer aus der Mühle, frisch geriebener Muskat**

1. Den Seeteufel abbrausen und trocken tupfen. Den Knorpel aus der Mitte auslösen und den Fisch mit den Kräutern füllen. Rundherum mit Pfeffer würzen, in Speck einwickeln und in Form binden.

2. In einer hohen Pfanne ohne Fett leicht anbraten, den Fischfond und die Sahne aufgießen und bei niedriger Temperatur circa 20 Minuten gar ziehen lassen.

3. Währenddessen den Spinat verlesen, waschen und abtropfen lassen. Die Zwiebel und Knoblauchzehe schälen und fein würfeln.

4. In einem Topf die Butter bei mittlerer Hitze schmelzen lassen. Zwiebel und Knoblauch darin anschwitzen. Den Spinat zugeben und mitdünsten, bis er etwas zusammenfällt. Das Gemüse mit Salz, Pfeffer und Muskat abschmecken.

5. Vor dem Servieren den Spinat auf Teller verteilen, das Küchengarn vom Fisch entfernen und auf dem Spinat anrichten.

Zubereitungszeit: 30 Minuten; Garzeiten: 25 Minuten

WINDBEUTEL MIT ZUCKERGUSS UND SCHOKOLADE

Zutaten für circa 40 Stück

Für die Windbeutel: **1 Prise Salz, 50 g Butter, 150 g Mehl, 1–2 EL Stärke, 1 TL Backpulver, 4 Eier**

Zum Verzieren: **120 g Puderzucker, 1–2 TL Zitronensaft, 60 g Zartbitterkuvertüre, weiße Schokostreusel**

1. Für die Profiteroles 250 ml Wasser in einen Topf geben und mit Salz und Butter kurz aufkochen lassen. Das Mehl mit der Stärke und dem Backpulver vermischen und in einem Schwung in den Topf schütten, dabei ständig rühren.
2. Den Teig bei mittlerer Hitze so lange rühren, bis sich eine große Teigkugel bildet. Diese so lange weiterrühren und wenden, bis sich ein weißer Film auf dem Topfboden absetzt. Den Teig in eine Schüssel geben und circa 5 Minuten abkühlen lassen. Danach die Eier nacheinander dazugeben und mit den Knethaken des elektrischen Handmixers gut unterkneten.
3. Den Backofen auf 200 Grad Ober- und Unterhitze vorheizen und ein Backblech mit Backpapier belegen.
4. Den Teig in einen Spritzbeutel mit großer Lochtülle geben und walnussgroße Tupfer auf das Backblech setzen. Im vorgeheizten Backofen 15–20 Minuten backen, herausnehmen und auskühlen lassen.
5. Zum Verzieren Puderzucker und Zitronensaft zu einem Guss anrühren. Die Windbeutel damit bepinseln und trocknen lassen. Die Kuvertüre über einem heißen Wasserbad schmelzen und leicht abkühlen lassen. Über die Bällchen träufeln, mit Schokostreuseln bestreuen und trocknen lassen.

Zubereitungszeit: 40 Minuten
Backzeit: 20 Minuten

Ihr *Land*IDEE-Tipp

Als Variante kann man auch winterliche Windbeutel mit Bratapfel-Füllung servieren:

1. 40 g Rosinen in 3 EL Rum ziehen lassen. Circa 600 g Äpfel schälen und klein schneiden. Äpfel mit 4 EL Zitronensaft und 80 g Zucker bei mittlerer Hitze dünsten. 2 Päckchen Vanillesoße mit circa 10 EL Apfelsaft glatt rühren, zu den Äpfeln geben und aufkochen. Vom Herd nehmen, etwas Zimt und 50 g gehobelte Mandeln dazugeben.
2. Dann noch 400 g Schlagsahne mit Vanillezucker steif schlagen.
3. Für diese Füllung die Windbeutel am besten etwas größer backen. Das Gebäck gleich nach dem Backen in der Mitte halbieren und erkalten lassen. Dann von beiden Füllungen etwas auf die Windbeutel verteilen.

Winterlicher Glanz

Zu einem raffinierten Menü gehört auch eine nicht weniger besondere Tischdekoration, die die festlichen Speisen perfekt in Szene setzt. Liebevolle Details bringen zartes Weiß und hell glänzendes Silber in Einklang.

◀ Am Polarkreis: Eisbären unter glitzernden Weihnachtsbäumchen

Aufgeregt warten die kleinen Bären auf die mit Liebe zubereiteten Speisen, die jeden Moment aufgetischt werden. Aus silbernem Fotokarton verschieden große Rechtecke ausschneiden und zu kleinen und großen Tüten rollen. Die Innenkanten festkleben. Sterne mit Kleber auf der Spitze befestigen. Für die Eisbären passende Figuren kaufen, mit weißer Farbe bemalen und mit Klarlack einsprühen. Zusammen mit silbernen Kugeln zwischen den Bäumchen verteilen.

◀ Aus dem Wald: Winterliche Tannenzapfen mit Silberstaub

Diese kleinen Tannenzapfen zaubern im Nu einen verschneiten Winterwald auf die Festtagstafel und können nach dem Festmahl, aufgehängt an einer Schnur, sogar als selbst gemachter Christbaumschmuck verwendet werden. Die Zapfen erst mit silberner Farbe einsprühen und dann etwas Glitzerpulver darüberrieseln lassen. Kleine Übertöpfe werden mit Silberfarbe angemalt und mit Klarlack eingesprüht. Zum Schluss die Zapfen in die getrockneten Töpfchen stecken.

Festlich speisen: Serviettenring und Stuhlschmuck

Aus dem gleichen Karton, den man schon für die Glitzerbäumchen verwendet hat, kann man auch dekorative **Manschetten für die Servietten (1)** basteln. Einen breiten Streifen ausschneiden und zu einem Ring zusammentackern. Ein Efeuzweig und ein paar Glöckchen sorgen für das gewisse Etwas.
Stühle finden bei Tisch meist wenig Beachtung, sieht man in ihnen doch nur ein praktisches Möbelstück. Mit dem richtigen **Schmuck (2)** ziehen jedoch auch die Sitzgelegenheiten alle Blicke auf sich. Zwei kleine Zapfen werden mit Draht verbunden und in die große Schleife aus breitem Geschenkband eingearbeitet, die mit einer Stecknadel am Stuhl angebracht wird.

Edles Windlicht im kleinen Einmachglas ▲

Wie kleine Spiegel reflektieren die an den Gläsern angebrachten Perlen das warme Kerzenlicht und werfen milchige Schatten auf den Tisch. Den feinen Schmuck mit der Heißklebepistole an den kleinen Tulpengläsern anbringen und vollständig trocknen lassen. Dann die Einmachgläser bis zur Hälfte mit weiteren Perlen oder hellem Sand füllen und ein Teelicht hineinsetzen. Ringsherum einige ausgestanzte Sterne verteilen.

GEFÜLLTE STRUDEL-BONBONS MIT RÖMERSALAT

vegan

Zutaten für 4 Personen

Für die Strudelteigtaschen: **250 g Süßkartoffeln, 50 g weiche, getrocknete Tomaten, 1 Knoblauchzehe, 6 EL Olivenöl, 100 ml Apfelsaft, Salz, Pfeffer aus der Mühle, je 1 Prise Zimt, Anis, Ingwer, Kardamom, 1 TL gehackte Rosmarinnadeln, 2 Blätter Strudelteig, 1 TL schwarzer Sesam oder Schwarzkümmel**

Für den Salat: **1 Baby-Römersalat, 1–2 Avocados, 1 unbehandelte Limette (Saft und Abrieb), 1 Lauchzwiebel, 75 ml Gemüsebrühe, 1 EL Apfelessig, Salz, Pfeffer aus der Mühle, 1 TL Ahornsirup, 1 EL Nussöl, 4 EL Kresse**

1. Den Backofen auf 200 Grad Ober- und Unterhitze vorheizen. Ein Backblech mit Backpapier belegen.
2. Die Süßkartoffeln schälen und klein würfeln. Die Tomaten klein würfeln, den Knoblauch schälen und fein hacken. 4 EL Öl in einen heißen Topf geben und den Knoblauch mit den Süßkartoffeln darin anschwitzen.
3. Den Apfelsaft dazugießen und die Tomaten untermengen. Mit Salz, Pfeffer, den Gewürzen und Rosmarin würzen und circa 10 Minuten leise bissfest köcheln lassen. Die Flüssigkeit sollte verdampft sein.
4. Den Teig in 4 Quadrate schneiden und mit etwas Öl dünn bestreichen. Die Süßkartoffelmischung (ohne Flüssigkeit) darauf verteilen und den Teig aufrollen. An den Seiten so zusammendrücken, dass „Bonbons" entstehen. Auf das Backblech legen und mit dem übrigen Öl bepinseln. Mit Sesam oder Schwarzkümmel bestreuen und im vorgeheizten Ofen circa 15 Minuten goldbraun backen.
5. Den Salat waschen, putzen und kleiner zupfen. Die Avocados halbieren, Kern und Schale entfernen und das Fruchtfleisch würfeln. Mit Limettensaft beträufeln. Die Lauchzwiebel waschen, putzen und in Röllchen schneiden.
6. Die Brühe mit dem Limettenabrieb, Essig, Salz, Pfeffer, Sirup und Öl verquirlen. Alle Salatzutaten mit dem Dressing vermengen, abschmecken und mit Kresse bestreuen. Den Salat mit den Strudelpäckchen servieren.

Zubereitungszeit: 45 Minuten
Garzeit: 25 Minuten

ZUCCHINI-NUDELN IN ORANGEN-SAFRAN-SOSSE MIT ZIEGENKÄSE

Zutaten für 4 Personen

2 Zwiebeln, 1 Knoblauchzehe, 1 EL Butter, 150 ml trockener Weißwein, 250 ml Gemüsebrühe, 400 ml Orangensaft, 1 Döschen Safran (circa 0,1 g), Salz, Pfeffer aus der Mühle, 2 Orangen, 2 Zucchini, 400 g Tagliatelle, 8 Ziegenkäsetaler à circa 30 g, 2 TL Honig, Schnittlauchröllchen zum Bestreuen

1. Die Zwiebeln und den Knoblauch schälen, würfeln und in Butter glasig anschwitzen. Mit Wein ablöschen und ein wenig einköcheln lassen.
2. Die Brühe und den Saft angießen und den Safran einrühren. Offen circa 15 Minuten leise köcheln lassen. Mit Salz und Pfeffer würzen.
3. Die Orangen schälen und die Filets herausschneiden. Zucchini waschen, die Enden abschneiden und in feine Streifen schneiden.
4. Die Nudeln in Salzwasser bissfest garen, in den letzten circa 2 Minuten die Zucchini dazugeben.
5. Den Backofen auf Grillfunktion vorheizen. Den Käse auf einem Backblech mit Backpapier im vorgeheizten Ofen 2–5 Minuten gratinieren.
6. Die Soße pürieren, die Orangenfilets kurz darin warm werden lassen und die Soße abschmecken. Nudeln und Zucchini unter die Soße schwenken und mit dem Ziegenkäse auf Tellern anrichten. Mit Schnittlauch bestreuen, mit Pfeffer übermahlen und servieren.

Zubereitungszeit: 30 Minuten
Garzeit: 20 Minuten

WEIHNACHTSSTRUDEL GEFÜLLT MIT AUBERGINEN, KICHERERBSEN & KAPERN

Zutaten 1 Strudel bzw. für 4–6 Personen

Für den Teig: 200 g Mehl, 1 Ei, 1 Prise Salz, 2 EL Olivenöl, Olivenöl zum Bestreichen

Für die Füllung: 400 g Kichererbsen (Dose), 1 Aubergine, Salz, 1 Zwiebel, 1 Knoblauchzehe, 2 Tomaten, 1 rote Paprikaschote, 2 EL Olivenöl, 1 Prise gemahlener Zimt, 1 Prise gemahlener Kardamom, 1½ TL eingelegte Kapern (Glas), Pfeffer aus der Mühle, 80 g zerlassene Butter, 4 EL Semmelbrösel

1. Das Mehl mit dem Ei, Salz, Öl und circa 100 ml lauwarmem Wasser zu einem glatten Teig kneten. Falls nötig, noch etwas Wasser oder Mehl dazugeben, bis ein strenger, aber elastischer Teig entsteht. Den Teig etwa 10 Minuten kräftig durchkneten, zu einer Kugel formen, mit Öl bestreichen und abgedeckt eine halbe Stunde ruhen lassen.
2. Den Ofen auf 200 Grad Ober- und Unterhitze vorheizen. Die Kichererbsen über einem Sieb abbrausen und gut abtropfen lassen. Die Aubergine waschen, putzen, in kleine Würfel schneiden, mit etwas Salz bestreuen und circa 10 Minuten ziehen lassen. Dann trocken tupfen.
3. Zwiebel und Knoblauch abziehen und fein hacken. Die Tomaten überbrühen, abschrecken, häuten, vierteln, entkernen und klein würfeln. Die Paprika waschen, halbieren, von Kernen und weißen Innenwänden befreien und klein würfeln.
4. In einer Pfanne 2 EL Öl erhitzen und die Zwiebel mit dem Knoblauch glasig schwitzen. Das restliche Gemüse, die Gewürze und die abgetropften Kapern zugeben, gut durchschwenken und 5–8 Minuten dünsten. Salzen, pfeffern und vom Herd ziehen. Etwas abkühlen lassen.
5. Den Teig auf bemehlter Arbeitsfläche ausrollen, auf ein leicht bemehltes Küchentuch legen und hauchdünn ausziehen. Mit 2–3 EL zerlassener Butter bestreichen und mit Bröseln bestreuen. Die Gemüsemasse auf dem Teig gleichmäßig verteilen. Rundherum einen 2 cm breiten Rand frei lassen und zur Mitte einschlagen. Von der Längsseite her den Teig zu einem Strudel rollen und mit der Nahtseite auf ein mit Backpapier belegtes Backblech legen. Aus Teigresten kleine Ornamente formen und den Strudel verzieren.
6. Den Strudel mit der übrigen Butter bestreichen und im vorgeheizten Ofen circa 40 Minuten goldbraun backen. Herausnehmen und nach Belieben mit Reis servieren.

Zubereitungszeit: 60 Minuten
Ruhezeit: 30 Minuten
Gar- und Backzeit: 55 Minuten

Ihr *Land*IDEE-Tipp

Wer den Reis etwas aufpeppen möchte, kann ihn pikant verfeinern: Gehackte Mandeln in einer Pfanne anrösten. 1 Zwiebel fein hacken, in einer Pfanne glasig schwitzen. Mandeln und Rosinen in der gewünschten Menge zugeben. Mit etwas Wasser ablöschen und die Mischung mit Salz, Zimt und Kardamom abschmecken, dann unter den Reis mischen.

BÉCHAMELSOSSE MIT SAFRAN

Zutaten für 4 Personen

1 Zwiebel, 1 Knoblauchzehe, 2 EL Butter, 2 EL Mehl, 100 ml trockener Weißwein, 1 Msp. Safranfäden, circa 250 ml Gemüsebrühe, 100 ml Sahne, 2 EL Crème fraîche, Salz, weißer Pfeffer

1. Die Zwiebel und den Knoblauch schälen und fein hacken. In heißer Butter glasig anschwitzen, das Mehl darüberstäuben und unter Rühren aufschäumen lassen.
2. Mit Wein ablöschen, den Safran zufügen und die Brühe unterrühren. Unter gelegentlichem Rühren circa 10 Minuten leise köcheln lassen.
3. Sahne einrühren und die Soße mit dem Mixstab fein pürieren. Nach gewünschter Konsistenz etwas einköcheln lassen oder Brühe zufügen.
4. Die Crème fraîche zum Schluss einrühren und mit Salz und Pfeffer abgeschmeckt servieren.

Zubereitungszeit: 5 Minuten
Garzeit: 10 Minuten

TANNENHONIG-PARFAIT MIT SAUERKIRSCHSOSSE

Zutaten für 1 Kastenform von circa 30 cm Länge bzw. für 8 Portionen

Für das Parfait: **4 Eigelb, 2 Eier, 125 g Tannenhonig, 125 ml Milch (3,8 %), 250 ml Sahne, 50 g Pistazienkerne, 10 g Spekulatius**

Für die Soße: **600 g Kirschen (aus dem Glas), 1–2 TL Speisestärke, 1 Zimtstange, 1 EL Zucker, 1 EL Vanillezucker, 100 ml trockener Rotwein**

1. Die Eigelbe mit Eiern, Honig und Milch in einem Schlagkessel verquirlen (oder in einer Metallschüssel) und über dem heißen Wasserbad 5–10 Minuten dick-cremig aufschlagen. Danach in Eiswasser kalt rühren.

2. Die Sahne steif schlagen. Die Pistazien grob hacken, die Spekulatius zerbröseln, vermischen und etwa zwei Drittel davon zusammen mit der Sahne unter die Eismasse heben. In eine mit Frischhaltefolie ausgeschlagene Kastenform füllen, glatt streichen und mindestens 5 Stunden, besser über Nacht, in den Tiefkühler stellen.

3. Für die Kirschsoße die Kirschen abgießen und den Saft in einen Topf geben. 3–4 EL abnehmen und mit der Stärke glatt rühren. Die Zimtstange, den Zucker, Vanillezucker und Rotwein mit in den Topf geben. Etwa 5 Minuten leise köcheln lassen.

4. Inzwischen die Kirschen grob hacken. Die Stärke in die Soße einrühren, cremig andicken lassen und die Kirschen untermischen. Warm halten.

5. Das Parfait auf eine Platte stürzen, Folie abziehen und mit der übrigen Pistazienmischung bestreuen. Dazu die Kirschsoße reichen.

Zubereitungszeit: 45 Minuten
Gefrierzeit: mindestens 5 Stunden
Garzeit: 15 Minuten

Ihr *Land*IDEE-Tipp

Wer keine Falten von der Folie auf dem Parfait möchte, kann die Masse auch so einfüllen. Vor dem Stürzen die Form dann kurz in warmes Wasser stellen.

Meine Fernseh- UND Frauenzeitschrift
DAS ORIGINAL Ihre Nr.1 seit 2008 für Ratgeber und TV
14-Tage volles TV-Programm!
Schlemmen & Abnehmen: So einfach!
Aktuelle Modetrends!
Viele, leckere Rezepte!
EXTRA: Poster mit Tipps und Ideen!
TV für mich
Nr. 20
Zwei Hefte in einem:
Jetzt 12 Seiten mehr!
Die Fernseh- UND Frauenzeitschrift
NEU 6 Seiten
Ab sofort immer im Heft
Leichte Küche für jeden Tag
S. 20-25
nur 1,- Euro
Ihre moderne Frauen-Zeitschrift
Antibiotika aus der Natur S. 30/31
Heilen mit Pflanzen-Power
WOLKE HEGENBARTH
Keine Lust auf Kompromisse S. 4
PLUS: Ihr TV-Programm 19.9. – 2.10.15 14 Tage
S. 8/9
Die Figur freut's
Jacken, die alle lieben
Es ist nie zu spät: S. 14/15
„Jetzt fang ich noch mal neu an"
S. 130-133
Von TV-Stars
Tolle Rolle
PLUS: Saftige Schoko-Kuchen
Besser als Botox S. 28
Gymnastik fürs Gesicht
Hardy Krüger Jr. S. 12
Ja zum Schicksal!
Großes Trennkost-Poster in der Heftmitte
PLUS: Super Schlank-Rezepte
Zwei Hefte in einem!
www.tvfuermich.de/abo
Alle zwei Wochen neu im Handel.

GUT ZU WISSEN

Natürlich schön

Wer seine Weihnachtstafel mit Materialien aus der Natur dekorieren will, hat auch im Winter genügend Auswahl an schmückenden Utensilien: Zapfen, Zweige, Rinde und herrlich duftende Gewürze machen zusammen mit hellen und natürlichen Farben den gedeckten Tisch im Advent zum Fest der Sinne.

◀ **Besuch aus dem Wald: Filzhirsche und Zapfendeko**

Ein verschneiter Winterwald ist zur Adventszeit ein zauberhafter Ort für Spaziergänge. Auch auf dem Tisch machen sich die Besucher aus dem Wald gut: Aus dicken Filzplatten Formen wie Hirsche, Pilze, Rehe oder Eichhörnchen ausschneiden und auf einen Holzspieß kleben. Ein Zinkeimerchen oder eine alte Backform mit Steckschaum füllen. Wie auf dem Waldboden grüne Zweige, Zapfen und Rindenstücke verteilen. Wer möchte, steckt noch einige duftende Zimtstangen dazu. Zuletzt noch die Hirsche einsetzen und das Gefäß mit einem Dekoband verzieren. Als schönen natürlichen Blickfang in der Mitte des Tisches platzieren.

Stimmungsvoller Schein am Tisch: ► Winterliches Windlicht

Damit aus dem Menü zu Tisch ein gemütliches Beisammensein wird, darf die richtige Beleuchtung nicht fehlen. Indirektes Licht sorgt für eine warme Atmosphäre. Am Tisch kann man mit Windlichtern, die an eine verschneite Winterlandschaft erinnern, Stimmung schaffen. Den Boden eines Glasgefäßes mit Kunstschnee bedecken. Eine Kerze hineinstellen und kleine Zapfen an Zweigen dazulegen. Auf den Tisch ringsum Zimtstangen und Zapfen streuen und Teelichter mit Silberglanz dazustellen.

Dekoration mit Papier: Serviettentüte und Christbäumchen

Auf dem Dachboden finden sich bei vielen kistenweise alte Bücher. Eines kann man davon sicher für diese Idee entbehren: **Serviettentüten aus alten Buchseiten (1)**. Dafür die Seite zu einer Tüte rollen, die Innenkante festkleben. Mit Serviette und anderer Naturdeko auf dem Teller anrichten. Eine schöne Idee für ein weihnachtliches Gastgeschenk sind **Christbäumchen aus Tortenspitze (2)**: Dafür kleine Pflanztöpfe weiß anmalen, mit Steckschaum füllen und mit Moos abdecken. Ein Ast dient als Stamm. Tortenspitze eindrehen, fixieren und auf den Ast setzen. Mit Sternanis als Baumspitze verzieren.

Kerzen in der Dose ▲

Dass für diese Tischdekoration eine alte Dose im Mittelpunkt steht, fällt gar nicht mehr auf, wenn man sie gekonnt in Szene setzt: Mit deckender Farbe die Büchse grau oder in der gewünschten Farbe anmalen. Dann Steckschaum zuschneiden und bis etwa auf halbe Höhe einfüllen. Lange Stabkerzen hineindrücken. Zwischenräume mit kleinen Zapfen auffüllen und die Dose mit einem winterlichen Dekoband, wie hier mit Bommeln, umwickeln.

WEIHNACHTSGETRÄNKE

Verführung im Glas

Wenn im Winter ein kühler Wind weht, spenden Mantel, Decke und Kamin Behaglichkeit. Von innen wärmen wir uns am besten mit flüssigen Gaumenfreuden, mal süß und sahnig, mal würzig und fruchtig.

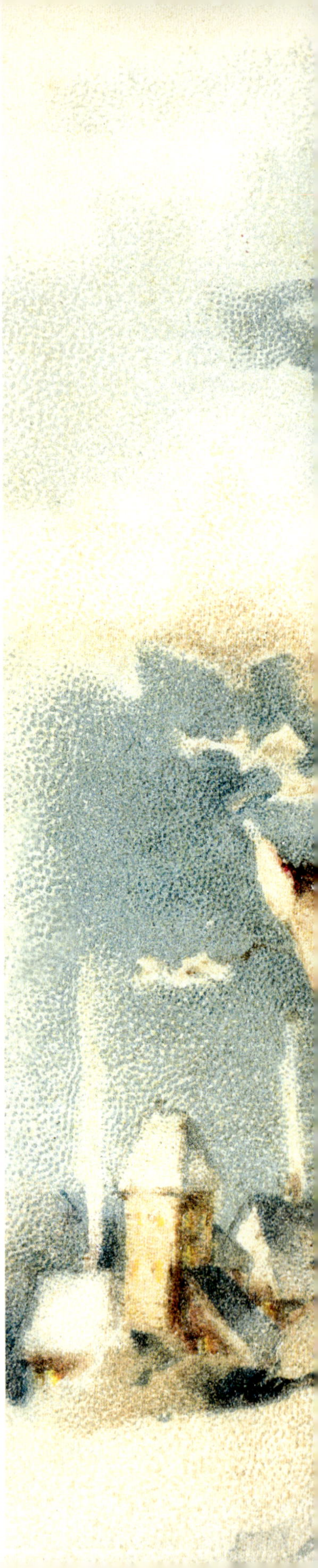

GETRÄNKE MIT MILCH & SAHNE

Cremig & süß

FLÜSSIGE SÜSSIGKEITEN MIT WÜRZIGEM PFIFF

Milch, Sahne, Schokolade und ein Schuss Alkohol – das sind süße Sünden, die zur Weihnachtszeit dazugehören. Es ist einfach gemütlich, am warmen Kaminofen, bei brennenden Adventskerzen oder unterm Lichterbaum ein Getränk zu schlürfen, das mit nichts geizt, weder mit weihnachtlichen Gewürzen noch mit cremig-sahnigen Zutaten. Und für Gäste, die überraschend kommen, eignen sich die heißen oder kalt gerührten Drinks ebenfalls, denn sie sind schnell gemacht – und machen viel her.

VON TEE BIS GEWÜRZSCHOKOLADE

Rassig schmeckt beispielsweise der Gewürztee, der – mit Kardamom und Pfefferkörnern gewürzt – das Blut in Wallung bringt. Abgemildert mit Milch und feinem Assam, versüßt er die traditionelle Teestunde um fünf Uhr nachmittags. Der selbst gemachte Eierlikör ist eine Delikatesse, die schon unsere Großmütter zu schätzen wussten – aber Achtung: Diese Köstlichkeit sollte man nur stamperlweise zu sich nehmen. Wie ein cremiger Lebkuchen schmeckt der Zimtstern-Shake, der mit Milch, Walnusseis, Lebkuchengewürz, ein wenig Rum und Baileys angereichert wurde. Für Kinder ist die heiße Schokomilch mit Zimt und Vanille eine köstliche Labsal, wenn sie müde und durchgefroren aus der Kälte hereinkommen. Der Pharisäer, dessen Grundzubereitung Schritt für Schritt erklärt wird, ist ein traditionelles Getränk aus Nordfriesland, das Kaffee und Alkohol aufs Schönste vereint und dessen Verwandter, der Irish Coffee, statt Rum Whiskey enthält. Und die cremige Gewürzschokolade, die mit Sternanis, Kardamom, Chili und Zimt angereichert wird, eignet sich gleichermaßen für Kinder wie für Erwachsene. Zum stilvollen Servieren verwendet man am besten schöne (Tee-)Gläser, durch die man die raffiniert-opulenten Mixturen sehen kann. Und nun hoch die Tassen!

Zimt, Sternanis, Nelken, Vanille, Kardamom und Muskat – das sind traditionelle Weihnachtsgewürze, die auch unsere Getränke aromatisieren. Und dadurch behagliche Stimmung erzeugen

GEWÜRZTEE

alkoholfrei

Zutaten für 4 Personen

1 Kardamomkapsel, 3–4 schwarze Pfefferkörner, 1 Zimtstange, 2 Gewürznelken, 1 Sternanis, 2 TL schwarzer Tee (z. B. Assam), 400 ml Milch, 2 EL Honig (nach Geschmack mehr), Zimtpulver zum Bestäuben

1. Den Kardamom aufschneiden und die schwarzen Samen auslösen. Pfefferkörner, Zimtstange, Kardamomsamen, Gewürznelken und Sternanis mit 300 ml Wasser zum Kochen bringen und etwa 10 Minuten leise köcheln lassen.

2. Von der Hitze nehmen, den schwarzen Tee zugeben und 3–5 Minuten ziehen lassen. Abseihen und in Gläser füllen.

3. Die Milch mit dem Honig erhitzen, nach Belieben aufschäumen und auf die Gläser verteilen. Mit Zimt bestäubt servieren.

Zubereitungszeit: 10 Minuten
Garzeit: 15 Minuten

SELBST GEMACHTER EIERLIKÖR

Zutaten für 1 Flasche, circa 750 ml

5 Eigelb, 125 g Zucker, 2 EL Vanillezucker, 350 ml Milch, 250 ml Weinbrand oder Rum (54–70 % Alkohol)

1. Die Eigelbe mit dem Zucker und dem Vanillezucker in eine Metallschüssel geben und verrühren.

2. Milch hinzufügen, über einem heißen Wasserbad 10 Minuten rühren, bis der Likör dicklich cremig ist. Weinbrand langsam unterrühren.

3. Die Eiercreme abkühlen lassen und durch ein feines Sieb in eine Flasche oder eine Karaffe abfüllen. Gut verschließen und bis zum Verzehr in den Kühlschrank stellen.

Zubereitungszeit: 30 Minuten
Garzeit: 10 Minuten

Ihr LandIDEE-Tipp

Über dem Wasserbad aufgeschlagen, wird der Likör cremiger als kalt gerührt. Kühl und dunkel aufbewahrt, hält er sich 1 Woche.

GRUNDZUBEREITUNG

Pharisäer

Wenn frisch aufgebrühter Kaffee auf Sahne und Rum trifft, kann daraus nur etwas Wunderbares werden. Der Pharisäer gilt als eine Art Nationalgetränk der Nordfriesen, die ihn im 19. Jahrhundert erfanden. Auf der nordfriesischen Insel Nordstrand amtierte zu dieser Zeit ein Pastor, der streng enthaltsam lebte und besonders den Genuss von Alkohol verteufelte. Da die Gemeindemitglieder auf den ein oder anderen Schluck jedoch nicht verzichten wollten, „versteckten" sie den Rum in Anwesenheit des Geistlichen einfach in ihrem Kaffee, den sie mit einer Sahnehaube bedeckten, um den Alkoholgeruch einzudämmen. Durch eine verwechselte Tasse bemerkte der Pastor jedoch den Schwindel und rief: „Oh, ihr Pharisäer!" Die Pharisäer galten als Heuchler und Betrüger, die andere stets für ihre verwerflichen Taten rügten, selbst aber nach ganz eigenen, oft sehr fragwürdigen Gesetzen lebten. Statt Rum kann man auch andere Spirituosen wie zum Beispiel Eierlikör in den Kaffee rühren, der dann „Holländischer Kaffee" genannt wird.

PHARISÄER

Zutaten für 4 Gläser à circa 200 ml

16 cl brauner Rum, 4 EL Rohrzucker, 600 ml heißer, starker Kaffee, 150 ml Sahne, 1 TL Vanillezucker

1. Vier hitzefeste Gläser vorwärmen und anschließend in jedes Glas 4 cl Rum und 1 EL Rohrzucker hineingeben. Mit dem heißen Kaffee aufgießen und gut verrühren, bis sich der Zucker vollständig aufgelöst hat.

2. Die Sahne mit dem Vanillezucker cremig aufschlagen und auf den Kaffee setzen. Sofort servieren.

Zubereitungszeit: 15 Minuten

1 Frisch aufgebrühter Kaffee verleiht dem Pharisäer ein intensives Aroma. 2 Anders als weißer schmeckt brauner Rum leicht süßlich, sodass man je nach Geschmack kaum zusätzlichen Zucker benötigt. 3 Sahne verhindert das Verdunsten des Alkohols

Ihr LandIDEE-Tipp

Die Sahnehaube, die auf dem Pharisäer thront, wird traditionell nicht eingerührt, da sonst ihr Zweck verloren gehen würde. Der Kaffee wird durch die Sahne getrunken.

ZIMTSTERN IM GLAS

Zutaten für 4 Gläser à 200 ml

300 ml Milch, 200 ml Sahne (mind. 30 % Fett), 300 ml Walnusseis, 1 TL Zimt, ½ TL Lebkuchengewürz, 2 EL Vanillezucker, 2–4 cl Rum, 4 cl Cremelikör, Zimtsterne

1. Die Milch und die Sahne in einer Schüssel mit den Quirlen des elektrischen Handrührgeräts schaumig rühren. Das Eis, den Zimt, das Lebkuchengewürz und den Vanillezucker zugeben und nochmals kräftig durchrühren.
2. Den Rum und den Likör kurz unterrühren und die Mischung auf vier Gläser verteilen. Einen Zimtstern fein zerkrümeln und über die Shakes streuen. Mit weiteren Zimtsternen servieren.

Zubereitungszeit: 20 Minuten

WEISSE SCHOKOMILCH

alkoholfrei

Zutaten für 1 Drink

40 g weiße Schokolade, 250 ml Milch, ½ TL Kakaopulver, 1 Prise Zimt, 1 TL Vanillezucker

1. Die Schokolade raspeln. Die Hälfte der Milch in einem kleinen Topf einmal kurz aufkochen lassen. Vom Herd nehmen und die Schokoladenraspel (bis auf 1 TL) mit dem Kakao, dem Zimt und dem Vanillezucker unterrühren. Nochmals unter Rühren erhitzen, bis sich die Schokolade vollständig aufgelöst hat.

2. Die restliche Milch aufschäumen. Die Schokoladenmilch in ein Glas füllen, mit Milchschaum auffüllen und mit der übrigen Schokolade bestreut servieren.

Zubereitungszeit: 10 Minuten

CREMIGE GEWÜRZSCHOKOLADE

alkoholfrei

Zutaten für 1 Drink

50 g Zartbitterschokolade, 150 ml Milch, 100 ml Sahne, 1 Sternanis, 1 Prise Zimt, 1 Prise gemahlener Kardamom, 1 Prise Chilipulver, 1–2 TL brauner Zucker, Kakaopulver zum Bestäuben

1. Die Schokolade klein hacken. Die Milch und 50 ml Sahne in einem Topf mit dem Sternanis, Zimt, Kardamom, Chili und Zucker aufkochen lassen. Vom Feuer nehmen und unter Rühren die Schokolade zugeben. So lange rühren, bis sie ganz geschmolzen ist. Beiseitestellen und einige Minuten ziehen lassen.

2. In der Zwischenzeit die restliche Sahne steif schlagen. Den Sternanis aus der Milch nehmen. Die Schokomilch in ein Glas umfüllen und die Sahne darübergeben.

3. Zum Servieren nach Belieben mit Hilfe einer Schablone ein Sternmuster aus Kakaopulver auf die Sahne stäuben.

Zubereitungszeit: 10 Minuten

Ihr LandIDEE-Tipp

Gemahlener Kardamom ist praktisch zum Aromatisieren von Getränken und Gebäck. Aromatischer ist allerdings frischer Kardamom: Die Samen aus den Kapseln lösen und entweder ganz oder gemörsert verwenden.

LEBKUCHEN-BANANEN-TRAUM

alkoholfrei

Zutaten für 1 Drink

½ Banane, 1 Lebkuchen (ohne Glasur), circa 200 ml Milch, 1–2 EL Zuckerrübensirup, 1 TL Kakaopulver, ½ TL Lebkuchengewürz

1. Die Banane schälen, in Scheiben schneiden und in den Mixer geben. Den Lebkuchen gegebenenfalls von der Oblate befreien, zerkrümeln und zur Banane geben. Die Milch, den Zuckerrübensirup, das Kakaopulver und das Lebkuchengewürz dazugeben.

2. Alles zu einem cremigen Getränk mixen. Nach Bedarf noch etwas Milch dazugeben. Den fertigen Mix z. B. in eine kleine Flasche füllen und mit Lebkuchen servieren.

Zubereitungszeit: 10 Minuten

Flüssiger Genuss

FRUCHTIGE SÜSSE UND WÜRZIGE AROMEN

Der Punsch gilt als der Vater aller Mixgetränke: Angeblich sollen ihn Seeleute der Ostindischen Handelskompanie im 17. Jahrhundert nach Europa importiert haben. Seither hat er immer wieder Abwandlungen erfahren. Doch egal ob mit oder ohne Alkohol, ob auf der Basis von Rotwein oder Apfelsaft, von Beerennektar oder Sanddornsaft – er schmeckt einfach. Und mit seinen vielfältigen, würzig-fruchtigen Zutaten ist er von einem behaglichen Weihnachtsfest nicht wegzudenken.

SÜSS UND VERFÜHRERISCH

In bürgerlichen Haushalten war es Brauch, das aromatisch duftende Heißgetränk am Heiligen Abend zu servieren. Dieser alten Tradition wollen wir mit unseren Punschrezepten zur Renaissance verhelfen. Denn es gibt nichts Verführerischeres als den Zusammenklang von Weihnachtsgewürzen mit den fruchtig-süßen Basisflüssigkeiten: Beim Apfel-Ingwer-Punsch werden die Geschmacksnerven durch die Vereinigung von Süße und Schärfe angeregt. „Glögg“, so lautet die Bezeichnung des traditionellen Glühweins in Skandinavien. Hier gehen Rotwein, Kirschsaft und Rum mit scharfem Ingwer, rassigem Kardamom, süßem Zimt und würzigen Nelken eine unvergleichliche Verbindung ein. Besonders aromatisch sind die Düfte, die beim Ansetzen eines Aronia-Grogs entstehen: Der Saft der kleinen Apfelbeeren bildet mit Schwarzem Holunder, Vanille, Zimt und Mandellikör eine Mixtur, die ihresgleichen sucht. Natürlich dürfen Kirsch- und Orangenpunsch nicht fehlen – auch hier geben Gewürze die entscheidende Geschmacksnuance. Ursprünglich aus dem Angelsächsischen stammt der Blutorangen-Honig-Punsch, auch Toddy genannt, dessen Grundzutat einst Palmwein war, der aber mit Bourbon ebenso gut schmeckt. Bleibt noch der Teelikör mit Orange und Vanille, dessen Ansatz wir Schritt für Schritt erklären. Prost und frohe Weihnachten!

Sternanis und feine Orangenzesten sind traditionelle Würzmittel, die dem Punsch das charakteristische Aroma verleihen. Und das ist unvergleichlich gut

Weihnachts-Punsch

Die Adventszeit wäre nicht dieselbe ohne wärmenden Weihnachtspunsch. Zu verdanken haben wir ihn englischen Seefahrern, die das Rezept im 16. Jahrhundert aus Indien mitbrachten. Die heutige Bezeichnung Punsch stammt vom Wort „panch" ab, einem alten hindustanischen Wort für fünf. Denn fünf Grundzutaten gehörten in den klassischen Punsch: Wasser, Wein, Zitronensaft, Früchte und Gewürze. Später kamen weitere Zutaten wie Rum oder Schwarztee dazu. Heute gibt es eine Vielzahl an Punsch-Varianten, mit und ohne Alkohol. Auch unseren Weihnachtspunsch kann mit Rotwein oder Rum noch etwas anschwipsen.

WEIHNACHTSPUNSCH alkoholfrei

Zutaten für 8 Gläser à circa 125 ml

1 unbehandelte Orange, 750 ml schwarzer Johannisbeersaft, 750 ml Apfelsaft, 200 ml Orangensaft, 250 g frische Kranbeeren, circa 100 g Zucker, 2 Sternanis, 1 Stange Zimt, 2–3 Nelken, Orangenscheiben zum Garnieren

1. Die Orange gründlich waschen und in Spalten schneiden, gegebenenfalls die Kerne entfernen. Die Kranbeeren waschen, verlesen und leicht anquetschen.

2. Die Fruchtsäfte in einen Topf füllen. Die Orangenspalten, die Kranbeeren, den Zucker und die Gewürze dazugeben und alles unter Rühren erhitzen, aber nicht kochen lassen. Den Deckel auflegen und den Sud ohne Kochen 5–10 Minuten ziehen lassen.

3. Den Punsch abseihen und in hitzefeste Gläser füllen. Mit den Orangenscheiben und einigen Beeren garniert servieren.

Zubereitungszeit: 15 Minuten
Garzeit: 15 Minuten

1 Frisch gepresster Saft schmeckt natürlich am besten. Für 200 ml benötigt man 1 bis 2 Orangen.
2 Wer keine Zimtstangen zur Hand hat, kann alternativ auch einen Esslöffel Zimtpulver nehmen.
3 Der Punsch wird weniger süß, wenn man einen viertel Liter Früchte- oder Schwarztee hinzugibt

INGWER-APFEL-PUNSCH alkoholfrei

Zutaten für 1 l Punsch

1 unbehandelte Zitrone, 30 g Ingwer, 2 kleine Äpfel, 2 Zimtstangen, 4 Beutel weißer Tee, 3–4 EL Agavendicksaft

1. Die Zitrone heiß waschen, abtrocknen, die Schale dünn abschneiden (möglichst ohne weiße Haut) und die Zitrone auspressen. Den Ingwer schälen und in dünne Scheiben schneiden. Die Äpfel waschen, vom Kernhaus befreien und in dünne Spalten schneiden.

2. Die Äpfel mit den Zimtstangen, dem Ingwer, Zitronensaft und -schale in einen Topf mit 1 l Wasser geben. Aufkochen lassen, dann circa 5 Minuten bei milder Hitze ziehen lassen. Den weißen Tee zugeben und 3–5 Minuten ziehen lassen.

3. Die Teebeutel wieder entfernen und den Punsch mit etwas Agavendicksaft abschmecken. Nach Belieben mit einigen Apfelspalten in Gläser gefüllt servieren.

Zubereitungszeit: 15 Minuten
Ziehzeit: 10 Minuten

FRUCHTIGER GLÖGG

Zutaten für 4 Personen

10 g Ingwer, 5 Kardamomkapseln, 1 Zimtstange, 4 Nelken, 750 ml fruchtiger Rotwein, 250 ml Kirschsaft, 80 ml Rum, 80 g brauner Zucker, 80 g Rosinen, 60 g geschälte Mandelkerne

1. Den Ingwer schälen und fein hacken. Den Kardamom aufschneiden und die Samen auslösen. Ingwer, Kardamom, Zimt und die Nelken in ein Gewürzsäckchen (oder Teebeutel) geben.

2. Den Wein mit dem Saft, Rum, Zucker und Rosinen in einen Topf geben. Das Gewürzsäckchen dazugeben und den Glögg circa 10 Minuten erhitzen, aber nicht kochen lassen.

3. Anschließend abkühlen und über Nacht zugedeckt ziehen lassen. Am nächsten Tag das Gewürzsäckchen entfernen, die Mandeln dazugeben, den Glögg erhitzen und servieren.

Zubereitungszeit: 20 Minuten

Ziehzeit: 12 Stunden

ARONIA-GROG MIT GEWÜRZEN

Zutaten für 4 Gläser à circa 150 ml

350 ml Aroniasaft, 250 ml Apfelsaft, ½ Vanillestange, 1–2 EL Zucker, 1 Stange Zimt, 2 Nelken, 100 ml Holunderbeernektar, 2 cl Mandellikör, Zucker zum Abschmecken, Holunderbeerdolden und Zimtstangen zum Garnieren

1. Den Aroniasaft und den Apfelsaft in einen Topf füllen. Die Vanilleschote aufschlitzen und mit dem Zucker, der Zimtstange, den Nelken und dem Holunderbeernektar zum Saft geben.

2. Den Sud erhitzen, aber nicht kochen lassen. Zugedeckt circa 10–15 Minuten ziehen lassen. Mit dem Likör und nach Geschmack mit etwas Zucker abschmecken.

3. Durch ein Sieb in hitzefeste Gläser füllen und heiß servieren. Nach Belieben mit Holunderbeerdolden und Zimtstangen garnieren.

Zubereitungszeit: 5 Minuten

Ziehzeit: 15 Minuten

Weihnachtliche Teekreationen

Wenn draußen dicke Schneeflocken fallen und die Kälte auf Bäumen und Sträuchern liegt, sitzen wir gerne mit einer wärmenden Tasse Tee auf dem Sofa und freuen uns auf die besinnlichen Tage. Denn wenn uns der Duft von Kräutern, Früchten und Gewürzen in die Nase steigt, können wir die Behaglichkeit des Winters in vollen Zügen genießen.

EIN AROMATISCHES GESCHENK

Während Tee ursprünglich nur aus den verschiedenen Teilen der Teepflanze bestand, gibt es heute zahlreiche Aromen, die das heiße Getränk verfeinern. Anfang des 20. Jahrhunderts erfand ein US-Amerikaner ganz aus Versehen eines der nützlichsten Hilfsmittel für die Teekultur. Thomas Sullivan, ein Teehändler, nutzte kleine Seidenbeutel als platzsparende Verpackung für Teeproben, die normalerweise in großen und teuren Blechdosen verschickt wurden. Seine Kunden jedoch hielten dies für eine neue kreative Idee, tauchten die Proben samt Hülle ins kochende Wasser – und entdeckten so den Teebeutel. Wer gerne selbst einmal aromatische Mischungen zusammenstellen möchte, braucht dafür nur wenige Zutaten. Einige Teeblätter, die man im Reformhaus und im Internet kaufen kann, oder etwas losen Schwarztee mit allerlei Gewürzen oder getrockneten Fruchtstücken in leere Teebeutel oder kleine Dosen füllen. Für eine festliche Note eignen sich Zimt, Anis, Gewürznelken, getrocknete Orangenschale und Apfelstücke, aber auch Kardamom und Hagebutten. Besonders die Gewürze schmecken nicht nur herrlich aromatisch, sondern haben auch von sich aus eine wärmende Wirkung. Ein dekoratives Band und ein Papierstern machen den selbst gemachten Tee zum weihnachtlichen Präsent – eine tolle Geschenkidee.

Weihnachtliche Teemischungen enthalten meist Zimt, Gewürznelken, Sternanis, Kardamom, Vanille, getrocknete Orangenschale und viele weitere Aromen, die uns an gemütliche Abende bei Kerzenschein erinnern. Wer es ausgefallen mag, kann auch andere Gewürze verwenden, zum Beispiel Wacholderbeeren, Muskat oder Pfeffer

KIRSCH-AMARETTO-PUNSCH

Zutaten für 4 Personen

1 Vanilleschote, 2 Zimtstangen, 400 ml Schlehensaft, 400 ml Kirschsaft, 200 ml klarer Birnensaft, 40 g Zucker, 4 Gewürznelken, 125 ml Amaretto, 1 unbehandelte Zitrone

1. Die Vanilleschote längs aufschlitzen und das Mark herausschaben, die Zimtstangen halbieren. Die Fruchtsäfte in einen Topf füllen, das Vanillemark mit der Schote, dem Zucker, den Nelken und den Zimtstangen dazugeben.

2. Alles langsam erhitzen. Bevor der Saft aufkocht, den Punsch vom Herd ziehen und den Amaretto einrühren. Den Punsch durch ein Sieb in Gläser einfüllen. Die Gewürze nach Belieben auf die Gläser verteilen.

3. Die Zitrone heiß abwaschen, abtrocknen und mit einem Sparschäler spiralförmig dünn abschälen. Je 1 Stück Zitronenschale in den Punsch geben.

Zubereitungszeit: 20 Minuten

SANDDORNPUNSCH MIT ORANGE UND GEWÜRZEN

Zutaten für 1 l Punsch

4 Orangen (davon mindestens 1 unbehandelt), 200 ml Sanddornsaft, 200 ml Möhrensaft, 1 Kardamomkapsel, 2–3 Sternanis, 1 Stange Zimt, 4 cl Orangenlikör, 2–3 EL Ahornsirup

1. Die unbehandelte Orange heiß abwaschen, abtrocknen und die Schale fein abreiben. Von allen Orangen den Saft auspressen und mit dem Orangenabrieb in einen Topf geben. Den Sanddornsaft und den Möhrensaft dazugießen. Die Kardamomkapsel etwas andrücken und zusammen mit den Sternanis und der Zimtstange in den Sud geben.

2. 10–15 Minuten erhitzen, aber nicht kochen lassen. Den Punsch durch ein Sieb in eine hitzefeste Karaffe abgießen, mit Orangenlikör und Ahornsirup verfeinern, abschmecken und heiß servieren.

Zubereitungszeit: 15 Minuten

Ziehzeit: 15 Minuten

Ihr *Land*IDEE-Tipp

Wenn Kinder mittrinken, können Sie den Orangenlikör einfach weglassen. Beim Kardamom gibt es zwei Sorten – schwarz und grün. Für die Weihnachtsbäckerei und diesen Punsch verwendet man die grünen Kapseln.

BLUTORANGEN-HONIG-PUNSCH

Zutaten für 4 Gläser

4 Blutorangen, 2 Zitronen, 4 EL Honig, 16 cl Bourbon, 4 Zimtstangen zum Garnieren

1. Den Saft der Blutorangen und der Zitronen auspressen. Den Honig und den Bourbon dazugeben und verrühren. Die Mischung auf vier hitzebeständige Gläser verteilen.

2. Mit heißem Wasser auffüllen und mit je einer Zimtstange garniert servieren. Nach Belieben mit einer Prise Muskat und Gewürznelke verfeinern.

Zubereitungszeit: 5 Minuten

TEELIKÖR MIT ORANGE UND VANILLE

Zutaten für circa 700 ml

1 unbehandelte Orange, 1 Vanilleschote, 1 Ceylon-Zimtstange, 30 g schwarzer Tee, 400 ml Weinbrand, 230 g brauner Kandis

1. Für den Liköransatz die Orange heiß waschen, trocken reiben und die Schale dünn abziehen, sodass möglichst keine weiße Haut daran ist. Die Schale in Streifen schneiden und in ein großes, gut verschließbares Glas geben.

2. Die Vanilleschote längs aufschneiden und das Mark herausschaben. Das Vanillemark samt der Schote, der Zimtstange und dem Tee zur Orangenschale in das Glas geben. Mit 125 ml Weinbrand und 125 ml Wasser auffüllen.

3. Das Glas fest verschließen und gut schütteln. 1 Woche an einem kühlen Ort ziehen lassen, dabei jeden Tag einmal gut aufschütteln.

4. Den Kandis mit 125 ml Wasser erhitzen und sprudelnd kochen lassen, bis sich der Zucker gelöst hat. Vom Herd nehmen und auskühlen lassen.

5. Den Liköransatz durch ein Sieb gießen und abmessen. Falls nötig, mit etwas Wasser auf 250 ml auffüllen. Den Ansatz mit der Zuckerlösung und dem übrigen Weinbrand zurück in das Glas füllen, fest verschließen und wiederum gut durchschütteln. Nochmals für eine Woche unter täglichem Schütteln ziehen lassen.

6. Den fertigen Likör nach Belieben in heiß ausgespülte Fläschchen abfüllen.

Zubereitungszeit: 25 Minuten
Ruhezeit: 2 Wochen

Ihr *Land*IDEE-Tipp

Gut verschlossen hält sich der Likör mindestens ein halbes Jahr und eignet sich so sehr gut als Geschenk im Advent. Die Flaschen kann man mit Bändern und schönen Etiketten weihnachtlich dekorieren.

LandApotheke
Gesundheit für unterwegs
Die App zum Heft:
Jetzt auch für Android!
Herbst/Winter | 1-2016 | 4,95 €
LandIDEE
LandAPOTHEKE
HEILEN UND PFLEGEN NACH ALTER TRADITION
NATURKOSMETIK ZUM VERSCHENKEN
REZEPTUREN FÜR HUSTENBONBONS
Natürliche Hilfe bei
• Augenfalten
• Halsweh
• Sodbrennen
• Trockenen Lippen
• Müdigkeit
• Rückenschmerzen
SPEZIAL: KinderApotheke
Extra: Heilsame Kräuterbäder
Gesund durch den Winter
Die besten Hausmittel gegen Grippe & Co.
LandIDEE
LandAPOTHEKE
Heilen und Pflegen nach alter Tradition
Einfach testen!
Die Startversion mit über 200 Rezepten und nützlichen Tipps gibt es gratis.
Jetzt bei Google play
Erhältlich im App Store
Rezepte nach Beschwerden
Abgeschlagenheit
Abwehrkräfte
Akne
Allergische Reaktion
Angst
Anspannung
Anstrengung
Gesundheits-Rezepte gegen Beschwerden von A-Z
Rezepte: Frauenleiden
Alle Rezepte mit Bildern
Fenchel-Sirup
INFO
EXTRA: Schritt-für-Schritt-Anleitungen
Bestellsets
Artikel
Beschwerden
TIPPS
10 Tipps
Heilmittel
Rezepte
Favoriten

Noch mehr Rezepte

Die Adventswochen verbringt man am schönsten mit gemeinsamen Vorbereitungen auf Weihnachten, das steigert die Vorfreude. In diesen Büchern finden Sie weitere Ideen zum Kochen, Backen und Dekorieren.

Weihnachtsküche

Wer sein Weihnachtsmenü erst noch zusammenstellen will, findet in diesem Buch zahlreiche Rezepte für Vor-, Haupt- und Nachspeisen, um sie nach eigenem Geschmack zu kombinieren. Schwerpunkt sind hier klassische Adventsgerichte, die Hauptgänge sind eher fleischlastig.
Parragon Verlag, 4,99 Euro

Weihnachtsgeschenke aus der Küche

Nicht nur mit Plätzchen, auch mit Pralinen, selbst gemachten Aufstrichen oder Kräuterölen kann man seinen Lieben zu Weihnachten eine Freude machen. Dieses Buch hält dafür allerhand Rezepte bereit, ebenso wie die eine oder andere Verpackungsidee.
Thorbecke, 14,99 Euro

Weihnachtsplätzchen

Noch kein Standard-Plätzchenwerk zu Hause? Dann ist dieses Buch das richtige. Hier sind Keksklassiker genauso vertreten wie neue Kreationen mit modernen Zutaten. Back- und Dekotechniken werden genau erklärt – so haben auch Anfänger Freude daran.
Zabert Sandmann, 15,99 Euro

Der Experte für das „Adventsbacken": Marcus Scherpf

Unser Experte ist Bäcker aus Leidenschaft und Überzeugung. Schon 1982 begann Marcus Scherpf in Hohenschäftlarn in der Bäckerei „Valent" seine Lehre als Bäckergeselle, bis 2000 war er als Bäcker und Konditor fest angestellt. Noch heute ist er begeisterter Bäcker und liebt es, für seine Frau, seine drei Töchter und seine Freunde etwas ganz Besonderes zu zaubern. Für „Advent – Küche und Backen" hat er alle Backrezepte auf ihre Richtigkeit und ihr sicheres Gelingen hin überprüft.

Kreative Familien-Weihnachtszeit

Damit Weihnachten ein kreatives und entspanntes Fest der Freude für die ganze Familie wird, liefert dieses Buch 60 Ideen rund um die Adventszeit: für Geschenke und Raumdekoration, Plätzchen und andere Leckereien, Adventskränze und -kalender. Ein wahrer Rundumschlag, ansprechend inszeniert und fotografiert.

BLV Buchverlag, 19,99 Euro

Landfrauen-Weihnachtszeit

Mit diesem Buch macht man sich selbst und anderen eine Freude in der besinnlichen Zeit: Für jeden Tag vom 1. Dezember bis 6. Januar hält das Buch Geschichten rund ums Brauchtum, Rezepte und Geschenk- und Bastelideen bereit, allesamt erprobt von den Aargauer Landfrauen aus der Schweiz.

FONA Verlag, 14,95 Euro

Meine Weihnachtsküche

Autorin Marie Langenau hat uns mit ihren Büchern schon durch fast jede Jahreszeit geführt. Nun zeigt sie uns, wie sie mit ihrer Familie Weihnachten feiert. Entstanden ist ein stimmungsvolles und persönliches Kochbuch, das für alle Gelegenheiten und Anlässe in der Adventszeit passende Rezepte bereithält.

Christian Verlag, 19,99 Euro

IMPRESSUM

Anschrift der Redaktion: Redaktion LandIdee, Münchener Str. 101/09, 85737 Ismaning
E-Mail: redaktion@landidee-magazin.de
Herausgeberin: Sandra Schönbein
Chefredakteurin: Katrin Tempel (V. i. S. d. P.)
Grafik: Gerhard Preuß
Redaktion: Dagmar Bartosch, Anja Schallenmüller (Vol.); Elisabeth Aslan, Kristina Specht
Schlussredaktion: Norbert Misch-Kunert
Herstellung: Andreas Hutter
Chefin vom Dienst: Jessica Seyrek, Sabine Geiger
Redaktionsassistenz: Johanna Blidon
Repro: Medienfabrik GmbH, Stuttgart
Druck: Quad Graphics Europe SP. z.o.o 07-200 Wyszków, Ul. Pultuska 120
Für unverlangt eingesandtes Bild- und Textmaterial wird keine Haftung übernommen. Vervielfältigung, Speicherung und Nachdruck nur mit schriftlicher Genehmigung des Verlages.
Anschrift des Verlages: LandIdee Verlag GmbH, Münchener Straße 101, 85737 Ismaning
Geschäftsführung:
Michael Geringer
Anzeigen:
Unit Manager LandIdee:
Benedikt Merget (V. i. S. d. P.)
Axel Springer Media Impact GmbH & Co. KG
Axel-Springer-Platz 1
20350 Hamburg
benedikt.merget@axelspringer.de
Es gilt die Anzeigenpreisliste Nr. 7 vom 1.1.2015
Vertrieb/Auslieferung: Bahnhofsbuchhandel/ Zeitschriftenhandel: MZV, Unterschleißheim
Leser-Service: LandIdee Verlag, Redaktion Leserbriefe, Münchener Str. 101/9, 85737 Ismaning, E-Mail: leserservice@landidee-magazin.de, Tel.: 089/27 270-76 22 (Di. bis Do., 14 bis 16 Uhr)

Abbildungsnachweise: Alamy (105, 107, 132), Birgid Allig (10–11, 19, 101, 160), Stephan Berg (3), Flora-Press (5, 101, 114–115, 122–123, 130–131), Getty Images (133), picture alliance (80), Shutterstock (6-7, 9, 42, 69, 87, 92, 104, 106, 139, 147), Brigitte Sporrer (Hauptmotiv Titel, 5, 14–15, 22–23, 30, 36–41), Stockfood (Titel, 4, 8, 12, 16–18, 20–21, 24–29, 31–34, 43–68, 70–92, 94–101, 108–112, 116, 118–120, 124–126, 128, 134–138, 140–142, 144–146, 148–154, 158–162, 164)

Index nach Rezeptart & Zeitaufwand

PLÄTZCHEN, KUCHEN & CO. NACH ZUBEREITUNGSZEIT

Seite 33

Seite 84

Seite 148

Rezeptindex von A bis Z

Seite 90

Seite 140

Frühlingsküche

Endlich wieder junges Gemüse! Im Frühling freuen wir uns auf knackige Erbsen, feine Karotten, zarten Spinat, Spargel, Bärlauch, Erdbeeren und Rhabarber. Wir kochen herrliche Suppen, Eintöpfe, Salate, Kuchen und Desserts.

Am 10. Februar ist die Frühlingsküche auf dem Markt!

Sie wollen die nächsten Hefte der LandIDEE-Küchenreihe nicht verpassen oder bereits erschienene Hefte nachbestellen? Kein Problem – wir liefern sie Ihnen gerne nach Hause.*
Lieferbar sind: Gewürzküche, Salatküche, Käseküche, Kartoffelküche und die Gemüseküche.
Rufen Sie uns an unter Tel. 0 18 05 / 32 16 17.**
Oder senden Sie uns eine Postkarte an:
LandIdee Bestellservice, Postfach 40 02 09, 80702 München.
Einzelheft-Bestellungen jederzeit auch unter:
www.landidee.info

* Heftpreis zzgl. Versandkosten (im Inland € 2,95)
** 14 Cent/Minute aus dem deutschen Festnetz